学校心理学入門シリーズ ④

臨床生徒指導
応用編

市川千秋❖監修／八並光俊・宇田 光・山口豊一❖編著

ナカニシヤ出版

はじめに

　生徒指導は，学習指導と車の両輪の関係である。専門の教科にかかわらず全教員にとって，その力量は不可欠だといえよう。では，生徒指導の力量として含まれるべき具体的知識や技能とは，何なのだろうか。残念なことに，生徒指導の実践にかかわる具体的な知識や技能を，うまく整理した書を見いだすことは難しい。

　本書は学校心理学入門シリーズ第4巻であり，臨床生徒指導の「応用編」となっている。第3巻が「理論編」であったのに対して，個々の具体的な問題への対処を含めてまとめたものである。効果的で，柔軟な生徒指導ができる実践的な枠組みを考えている。

　本書では，まずは生徒指導の実践指導上の枠組みや体制づくりなど，基本的な枠組みを述べている。その後，危機管理の問題，いじめや対立解決，学級崩壊，情報モラル教育，行動論的アプローチ，特別支援教育，道徳教育，諸外国での生徒指導の現状，日本へのゼロ・トレランス導入など，個々のテーマを取り上げて述べていく。それぞれ具体的な方法論を含めて，わかりやすく執筆していただいている。また，生徒指導にかかわりの深い関係機関について，7つのコラムを挿入している。著者はいずれも，独自の実践・研究を通して，先導的に実績をあげてこられた方々である。第3巻と合わせて，今後の臨床生徒指導が扱う主な問題を少なからずカバーしたと考えている。

　実際に学校現場で生じるさまざまな問題に，どう対処するのか。その具体例，また外国での状況なども含めて，多面的に取り上げた。現場の教員はもちろん，学校心理士や生徒指導士をめざす学生・院生の方々には，必読の内容となったと考えている。一読を賜れば幸いである。

監修者・編者

目　次

はじめに　*i*

1　生徒指導の専門化と専業化に伴う生徒指導担当者の役割 …………… *1*
生徒指導の専門化と専業化　*1*
生徒指導モデルと学校心理学モデル　*2*
生徒指導担当者の役割　*4*

2　学校における生徒指導体制 ……………………………………… *11*
はじめに　*11*
生徒指導の全体指導計画・年間指導計画　*11*
運営委員会（マネジメント委員会）の機能　*15*
生徒指導の組織　*16*
生徒指導主事の役割と資質・能力　*17*
生徒指導に関する研修の充実　*18*
関係機関との連携　*20*

3　学校における危機管理 ……………………………………………… *23*
はじめに　*23*
学校における危機と対応　*23*
学校危機管理の概要　*24*
これからの学校危機対応に向けて　*28*
学校危機における学校心理学の役割　*29*

4　いじめと生徒指導─指導理念を変革しいじめを克服する─ ……… *33*
我が国の生徒指導改革の視点　*33*
いじめに関する基本認識　*36*
いじめの基礎研究はすでにできている　*37*
アメリカにおけるいじめ対策法　*40*
我が国のいじめ対策を考える　*42*

5 いじめ・学級崩壊防止プログラムの実際 ……………………………… 45
 はじめに *45*
 いじめ・学級崩壊防止プログラム設定 *45*
 4段階のプログラムの実施と結果 *46*
 いじめ・学級崩壊防止プログラムについての考察と課題 *52*
 おわりに *53*

6 ピア・リンク・ミディエーションの進め方の実際 ……………… *57*
 はじめに *57*
 教師によるPLMのデモンストレーション事例 *57*
 児童たちがPLMを取り組んだ成果—事例から— *62*
 ミディエーターによる聞き取り—3つのクエスチョンについて— *63*
 PLMに取り組むミディエーターの注意事項 *64*

7 情報モラル教育としての生徒指導 ……………………………………… *67*
 はじめに *67*
 情報モラル教育のタイプ *68*
 情報モラル教育の具体例—愛知県教育委員会義務教育課による学習指導案— *69*
 おわりに—健全なインターネットの利用者を目指して— *73*

8 勉強のやる気をなくした生徒への対応—行動論的アプローチから—
 …………… *77*
 はじめに *77*
 行動論的アプローチとは *79*
 強化随伴性とは *80*
 シェーピングとは *81*
 機能的アセスメントとは *82*
 実践的な対応方法 *83*
 まとめ *86*

9 米国での特別支援教育提供前のプロセス—科学的なデータをもとにしたResponse to Intervention（RTI）— ……………………… *89*
 はじめに *89*

歴史的な背景　*90*
　　　従来の特別支援教育提供のプロセス　*91*
　　　RTI：Response to Intervention とはなにか？　*92*
　　　3段階に分かれた介入システム　*94*

10　特別支援教育における IEP の実際について─どのように IEP を作成するのか─ ………………………………………………… *101*
　　　はじめに　*101*
　　　IEP の作成　*101*
　　　IEP に記載される内容　*102*
　　　池田による IEP の考え方─特徴─　*102*
　　　池田による IEP の書き方　*103*
　　　IEP の保管と活用方法　*107*
　　　「測定可能な目標」とは　*108*

11　イギリス・フランス・アメリカに学ぶ道徳教育─青少年の問題行動に対処するために─ ………………………………………… *111*
　　　はじめに　*111*
　　　青少年問題に道徳教育強化・充実で対処しようとするイギリス・フランス　*111*
　　　生徒指導に道徳教育を導入して成果を挙げるアメリカ　*112*
　　　効果が挙げられる道徳教育の改善策　*113*
　　　おわりに　*117*

12　規律ある生徒指導─生徒指導のあり方と実践─ …………………… *119*
　　　我が国の生徒指導の反省　*119*
　　　アメリカの生徒指導法を学ぶべきである　*121*
　　　我が国の生徒指導をどのように変革するか　*126*
　　　文科省の新しい方針─生徒指導体制の在り方〜規範意識の醸成を目指して─　*127*

13　ゼロ・トレランスの日本への導入をめぐって ……………………… *129*
　　　はじめに　*129*
　　　ゼロ・トレランス方式の生徒指導の背景にあるもの　*129*
　　　実践校での生徒指導改革　*130*

成果と課題　*136*
　　　おわりに　*138*

**14　生徒指導基準の教育再生に果たす役割―ニューヨーク市の事例：
　　全米で最も危険な街から「子どもにとって最も安全な街」へ―**
　　　　　　　　　　　　　　　　　　　　　　　　　　　　　…………… *141*

　　　はじめに　*141*
　　　米国の学校教育を支えるスクールロー　*142*
　　　教育再生を果たしたニューヨーク市―ブルームバーグ市長の教育改革―
　　　　143
　　　おわりに　*146*
　　　付　表　*148*

事項索引　*157*
人名索引　*162*

コラム

1　適応指導教室　*9*
2　都道府県の教育研修センター　*31*
3　教育現場と児童相談所の連携　*55*
4　少年鑑別所　*75*
5　児童自立支援施設　*99*
6　少年補導センター　*118*
7　警察少年課・少年センター　*140*

1 生徒指導の専門化と専業化に伴う生徒指導担当者の役割

生徒指導の専門化と専業化

　文部科学省が毎年実施している「児童生徒の問題行動等生徒指導上の諸問題に関する調査」(文部科学省，2010a) の2009年度（平成21年度）では，小・中・高等学校における暴力行為の発生件数は約61,000件と前年度より増加した。特に，小・中学校においては過去最高の件数となった。暴力行為に関しては，中学校の校内暴力の発生件数が43,715件と顕著に多い。それに対して，小学校は7,115件と約6分の1であるが，教育現場では小1プロブレムにみられるように小学校の荒れの深刻化が危惧されている。

　暴力行為の多発地域では，小学校の生徒指導の強化が図られている。例えば，暴力行為の発生件数が全国最多の横浜市では，2010年度に市立小学校70校に「児童支援専任教諭」を配置し，2014年度までに全校配置を目指している。児童支援専任教諭は，学級担任をせずに，発達障害・不登校・被虐待児童への対応，いじめ・暴力行為の防止，学級崩壊の防止，教育相談，学校内外の連携などを主な業務とし，校内で中心的役割を担う。また，児童生徒1,000人あたりの発生件数が全国最多となった香川県では，県教育委員会と香川大学が連携して「小学校問題行動等対応ミドルリーダー」の養成に着手している。主に，問題行動の予防に重点を置いた生徒指導の推進役（プロモーター）となることが期待されている。

　従来，生徒指導というと，中学校に目がむきがちであった。しかし，近年のいじめ，不登校，暴力行為，非行，児童虐待などの状況と対応という点では，小学校段階での予防，早期発見，早期対応および解決が重要であるという認識

に立ち，小学校の生徒指導のあり方が問われている。つまり，すべての校種において，生徒指導に関する専門的かつ実践的な知識やスキルが教職員に求められている。さらに，横浜市の児童支援専任教諭や神奈川県の教育相談コーディネーターなど，生徒指導を主な業務とする専業化が進みつつある。

学校心理学は，生徒指導の専門化と専業化の理論的基盤をなすものである。以下，最新の生徒指導の動向をふまえて，生徒指導担当者が行う心理教育的援助サービスについて述べてみたい。

生徒指導モデルと学校心理学モデル

文部科学省より，2010年に教職員向けの生徒指導ガイドブックとして『生徒指導提要』（文部科学省，2010b）が刊行された。同書は，冒頭の「まえがき」にみるように「小学校段階から高等学校段階までの生徒指導の理論・考え方や実際の指導方法等について，時代の変化に即して網羅的にまとめ，生徒指導の実践に際し教員間や学校間で教職員の共通理解を図り，組織的・体系的な生徒指導の取組を進めることができるよう，生徒指導に関する学校・教職員向けの基本書」として作成された。過去の生徒指導の基本書としては，旧文部省から『生徒指導の手びき』（1965）と『生徒指導の手引（改訂版）』（1981）が刊行されている。

『生徒指導提要』が生徒指導の基本書であるという性格からすれば，今後の教育現場での生徒指導，現職研修や教員養成での生徒指導において，同書がカバーしている内容について共通理解しておくことが前提となる。これまでの「習うより慣れよ」方式の経験主義的な生徒指導，あるいは教師の個性や行動力に過度に依存した生徒指導から，児童生徒の発達段階や心理に配慮しながら，個人や集団に対して，学校心理学，発達心理学，臨床心理学，カウンセリング心理学などの心理学理論に基づいた専門的な援助サービスを，組織的，計画的に行う生徒指導への転換が図られている。

『生徒指導提要』では，生徒指導が児童生徒一人ひとりに対する場合であっても，集団に対する場合であっても，共通する指導として「成長を促す指導」「予防的な指導」「課題解決的な指導」の3つを挙げている（文部科学省，2010b）。

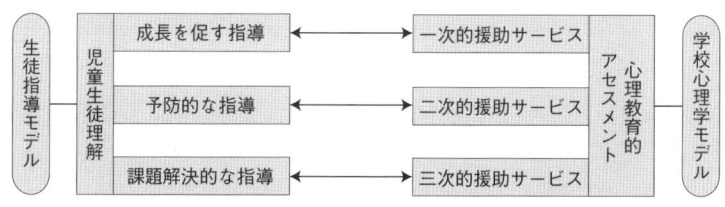

図1 生徒指導モデルと学校心理学モデルの対応関係

　成長を促す指導とは，「すべての児童生徒を対象に，個性を伸ばすことや，自身の成長に対する意欲を高めることをねらいとしたもの」（文部科学省，2010b）である。予防的な指導とは，「一部の児童生徒を対象に，深刻な問題に発展しないように，初期段階で諸課題を解決することをねらいとしたもの」（文部科学省，2010b）である。課題解決的な指導は，「深刻な問題行動や悩みを抱え，なおかつその悩みに対するストレスに適切に対処できないような特別に支援を必要とする児童生徒に」（文部科学省，2010b）対する課題解決に焦点を置いた個別の指導・援助である。また，生徒指導の基盤として，児童生徒一人ひとりを多面的・総合的に理解するという児童生徒理解の重要性を指摘している。

　『生徒指導提要』で示された生徒指導モデルと学校心理学モデルの対応関係を図式化したものが，図1である。学校心理学では，児童生徒の学校生活における教育上または発達上の苦戦に対して，学習面，心理・社会面，進路面，健康面の多面的な観点から，「個人としての児童生徒」と「環境のなかの児童生徒」という個人と環境の相互作用を考慮しながら，トータルな存在として児童生徒を捉えて，心理教育的アセスメント（＝児童生徒理解）を行い，問題解決の仮説をたてる。

　また，すべての児童生徒を対象とする一次的援助サービス（成長を促す指導），苦戦している一部の児童生徒を対象とする二次的援助サービス（予防的な指導），特別な援助ニーズをもつ特定の児童生徒を対象とする三次的援助サービス（課題解決的な指導）という階層的な心理教育的援助サービスを提供する（山口，2005を参照）。したがって，生徒指導モデルと学校心理学モデルは，同等性をもつ。以下，『生徒指導提要』で示された生徒指導モデルと最新の生徒指導実践の動向をふまえて，今後の生徒指導担当者の役割を考えてみよう。

生徒指導担当者の役割

(1) データアナリストとしての役割

『生徒指導提要』で示された3つの指導を効果的に実践するためには，何が必要か。八並（2009）が指摘しているように，学年の初期段階で児童生徒の実態を客観的かつ共感的に把握することである。このようなアセスメントを，八並はイニシャルアセスメントと呼んでいる（図2）。学校心理学では，チーム援助において心理教育的アセスメントが強調されているが，児童生徒の成長促進や問題行動の予防を考慮すると，学年の初期段階で児童生徒個人の悩みや問題，学校・家庭・地域の環境面での問題点などの実態把握が必要かつ重要である。

イニシャルアセスメントで得られたデータを詳細に分析することで，児童生徒個人や環境面での問題点だけでなく，児童生徒の長所や個性的な能力，今後伸ばしたい長所や能力は何かという自助資源を，暫定的ではあるが特定することができる。児童生徒を取り巻く環境がどのようになっているか把握すると同時に，どのような機関・団体，専門家・ボランティアがサポーターになってくれそうかという援助資源（リソース）を特定することが可能である。さらに，個人面と環境面の分析を通して，非行・人権侵害・自殺念慮・児童虐待・発達障害など，緊急対応の必要度や危機管理上の課題も見いだせる。これは，リスクアセスメントと呼ばれる。

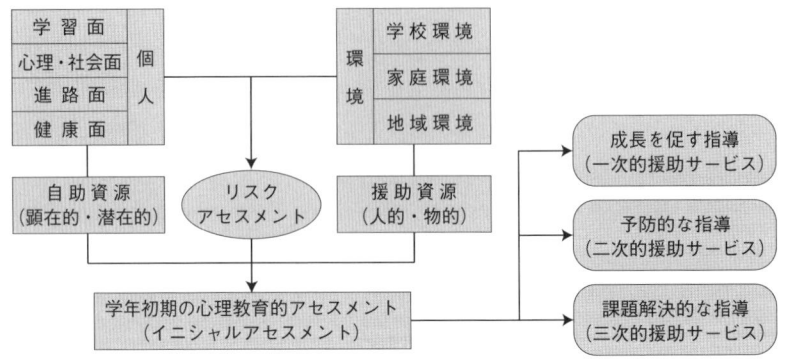

図2　イニシャルアセスメントと3つの指導

生徒指導担当者は，イニシャルアセスメントによるデータ分析から，一次から三次までの援助サービスで，「どのような援助が（援助目的・内容・方法），誰に対して（援助対象），誰から提供される（援助主体とサポーター）のが適切か」を判断することができる。

(2) カリキュラム（プログラム）マネジャーとしての役割
　今後の生徒指導では，『生徒指導提要』でも示されたように，「育てる（発達促進的・開発的）教育相談という考え方」（第5章「教育相談」）が大切になる。従来の生徒指導や教育相談は，問題行動に対応する治療的または介入的な「治す生徒指導」に特化してきた。そのため，生徒指導担当者の守備範囲は，二次的・三次的援助サービスが主であった。問題が起きてからのモグラ叩き方式の対応は，むろん重要であるが，多くの場合は問題の本質的な解決に結びつかない対症療法になってしまう。それに対して，近年，予防的・開発的な「育てる生徒指導」実践が広がりをみせている（河村・品田・藤村，2007；清水，2007，2008；本田・植山・鈴村，2010；横浜市教育委員会，2010）。「育てる生徒指導」は，明確な教育目標をもった授業や集団活動を通した計画的，系統的な教育プログラムによる生徒指導である。
　アメリカのスクールカウンセリングでは，このような意図的かつ系統的な教育を，ガイダンスカリキュラムまたはガイダンスプログラム（以下，ガイダンスカリキュラムと表記）と呼ぶ（米国スクール・カウンセラー協会，2004；八並・國分，2008）。ガイダンスカリキュラムを小・中・高校と段階的に継続することによって，子どもたちのコミュニケーション能力，自己理解・他者理解能力，協調性・共感性，役割遂行能力，課題対応能力，人間関係形成力，礼儀・規範意識・善悪の判断能力，キャリアプランニング能力などの生きる力を育成する。日本でも，公立中学校や教育委員会で，ガイダンスカリキュラムが実践されており，その有効性に関する実証データも公開されている（東，2008）。
　ガイダンスカリキュラムは，学校心理学では一次的援助サービスの促進的援助に包含される。促進的援助とは，「子どもが学校生活を通して発達上の課題や教育上の課題に取り組むうえで必要とする基礎的な能力（例：対人関係スキル，学習スキル，問題対処スキル）の開発を援助するサービス」（石隈，1999）

である。つまり，子どもの自助資源の開発を積極的に援助するサービスである。今後の生徒指導では学校心理士有資格の生徒指導担当者または学校心理学の研修を受けた生徒指導担当者が，一次的援助サービスとしてのガイダンスカリキュラムのマネジメントを担うのがよい。具体的には，ガイダンスカリキュラムの開発や実施に向けての学級アセスメントの実施，カリキュラム開発，各種の教育プログラムの開発，効果測定などを行う。

(3) ケースマネジャーとしての役割

児童虐待の増加，いじめ・暴力行為の深刻化，ネット上でのトラブル，薬物乱用など，児童生徒の問題行動の量的・質的拡大によって，学校と関係機関等によるサポートチーム（国立教育政策研究所生徒指導研究センター，2011a）による三次的援助サービスの必要度が加速的に増加している。平成19年からの特別支援教育の開始，翌20年からのスクールソーシャルワーカー（SSW）の導入（文部科学省，2009）により，図3のような「チーム援助の要請⇒アセスメントの実施⇒個別の援助計画（個別の指導計画）の作成⇒援助チームによる実践⇒チーム援助の評価⇒チーム援助の終結」というシステマティックなチーム援助プロセスが定着した（石隈・田村，2003；石隈・山口・田村，2005；八並，2006；深谷，2011）。

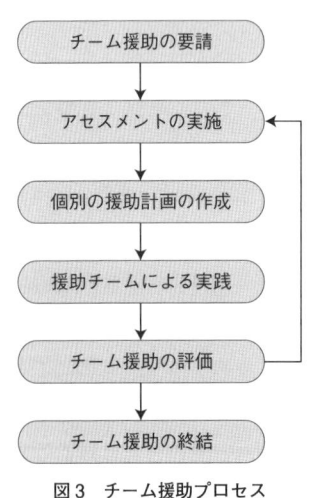

図3　チーム援助プロセス

サポートチームは，主に中学校区を単位に，対象となっている個別ケースごとにケース会議を開催する。サポートチームを構成するスタッフは，小・中学校の生徒指導担当者，養護教諭，特別支援教育コーディネーター，スクールカウンセラー，スクールソーシャルワーカー，NPO団体を含む関係機関の職員，地域住民等多様である（神奈川県立総合教育センター，2007）。したがって，生徒指導担当者に高度のケースマネジメント能力が要求される。具体的には，心理教育的アセスメントの実施と結果の分析・整理，個別の援助計

画（個別の指導計画）の作成，ケース会議の運営とチーム援助情報の管理，教職員・保護者・関係機関のコーディネーションと，スタッフや関係者に対するコンサルテーションを行う。

　以上のように，今後の生徒指導担当者は，学校心理学を中心とした心理学的理論に裏打ちされた専門的知識と高い実務能力を備えた生徒指導コーディネーターとして重要な役割を果たしていくであろう（国立教育政策研究所生徒指導研究センター，2011b，2011c，2011d）。

八並光俊（東京理科大学）

【文献】

東　則孝　2008　ガイダンスカリキュラム（GC）の広場―「授業型の生徒指導」の最新情報―〈http://www.toshobunka.jp/sge/sodateru/gc1.htm〉

深谷和子（編）　2011　学校におけるチーム援助の進め方　児童心理2月号臨時増刊　金子書房

神奈川県立総合教育センター　2007　子どものニーズの解決に向けた多職種協働チームの行動連携の在り方～『ニーズを抱えている子どもの問題解決のためのアセスメントチェックリスト』及び『支援のための行動連携シート』の開発とその活用について～　神奈川県立総合教育センター（亀井野庁舎）

河村茂雄・品田笑子・藤村一夫（編）　2007　いま子どもたちに育てたい　学級ソーシャルスキル　小学校低学年　図書文化社

国立教育政策研究所生徒指導研究センター　2011a　生徒指導資料　第4集　学校と関係機関等との連携―学校を支える日々の連携―　ぎょうせい

国立教育政策研究所生徒指導研究センター　2011b　生徒指導の役割連携の推進に向けて「生徒指導担当者」に求められる具体的な行動（小学校編）

国立教育政策研究所生徒指導研究センター　2011c　生徒指導の役割連携の推進に向けて生徒指導主事に求められる具体的な行動（中学校編）

国立教育政策研究所生徒指導研究センター　2011d　生徒指導の役割連携の推進に向けて生徒指導主事に求められる具体的な行動（高等学校編）

本田恵子・植山起佐子・鈴村眞理（編）　2010　包括的スクールカウンセリングの理論と実践　子どもの課題の見立て方とチーム連携のあり方　金子書房

石隈利紀　1999　学校心理学―教師・スクールカウンセラー・保護者のチームによる心理教育的援助サービス　誠信書房

石隈利紀・田村節子　2003　石隈・田村式援助シートによるチーム援助入門　学校心理学・実践編　図書文化

石隈利紀・山口豊一・田村節子（編）　2005　チーム援助で子どもとのかかわりが変わる―学校心理学にもとづく実践事例集―　ほんの森出版

米国スクール・カウンセラー協会　中野良顯（訳）　2004　スクール・カウンセリングの国家モデル―米国の能力開発型プログラムの枠組み　学文社

文部科学省　2009　スクールソーシャルワーカー実践活動事例集

文部科学省　2010a　平成21年度「児童生徒の問題行動等生徒指導上の諸問題に関する調査」結果

文部科学省　2010b　生徒指導提要　教育図書

清水井一（編）　2007　社会性を育てるスキル教育35時間　総合・特活・道徳で行う年間カリキュラムと指導案　小学校1年生～小学校6年生　図書文化社

清水井一（編）　2008　生きる力の具体策社会性を育てるスキル教育　教育課程導入編　いじめ・荒れを予防し，「社会的スキル」を育てる，授業型の生徒指導　図書文化社

山口豊一（編著）　石隈利紀（監修）　2005　学校心理学が変える新しい生徒指導　一人ひとりの援助ニーズに応じたサポートをめざして　学事出版

八並光俊　2006　学校心理学部門　応用実践期におけるチーム援助研究の動向と課題―チーム援助の社会的ニーズと生徒指導との関連から―　教育心理学年報, **45**, 125-133.

八並光俊・國分康孝（編）　2008　新生徒指導ガイド　開発・予防・解決的な教育モデルによる発達援助　図書文化社

八並光俊　2009　心理教育的な初期アセスメントに基づいたチーム援助体制の構築　月刊生徒指導，4月号，学事出版　pp.12-15.

横浜市教育委員会　2010　子どもの社会的スキル横浜プログラム　個から集団づくり51　学研教育みらい

コラム ❶　適応指導教室

　適応指導教室とは，市町村の教育委員会が不登校の小・中学生を対象に，学校とは別に，市町村の施設（例：公民館や使用されていない学校など）を活用し，そこで指導・援助をしながら学校復帰することを目標に運営している教室（ルーム）である。なお，生越・山口・大川・橋本（1997）は，適応指導教室の援助活動と機能について表1のように提案をしている。

　ここに通室していることは学校への出席として扱われる。運営は，市町村の教育委員会の指導主事があたっていることが多い。また相談員は，退職した教員と心理の職員が担い，教育職と心理職との協働で指導・援助にあたっている。臨床心理士等が相談員としていない場合は，外部から臨床心理士，大学教員，精神科医等をスーパーバイザーとして定期的に招き，指導をうけている適応指導教室もある。

　適応指導教室では，単に学習の援助だけではなく，通室してくる子どもたちの力を広く育むために，相談員がカウンセリングのほか，SSTなど，子どもたちの活動に直接かかわるかたちで援助していることも多い。上述のように，退職教員を中心とした運営形態もあれば，教育職の相談員と心理職とが協働して運営している施設もあり，相談員の構成について一概に論ずることは難しい。

山口豊一（跡見学園女子大学）

表1　適応指導教室の援助活動と機能 (生越ら，1997)

ステップ	ねらい	援助活動	機能
1	心の不安を和らげる。	いつでもすきなときにきて，自由にすごす。	居場所機能
2	自分で計画を立て，活動する。	小集団グループから大集団グループへと加わる。	自主性・社会性育成機能
3	自主性，社会性を培う。	掃除など，人の役に立っている活動をする。	自主性・社会性育成機能
4	自己表現力をつける。	会話，絵画や作文等で自分を表現する。	
5	学校復帰の準備をする。	学校のリズムに合わせ，学習や集団生活になれる。学校の時間割に近い生活をする。	学校復帰促進機能

文献

　生越　達・山口豊一・大川　久・橋本公夫　1997　不登校生徒へのかかわり―適応指導教室の実践を通して―　教育実践学研究, 1, 45-55.

2

学校における生徒指導体制

はじめに

　学校教育活動の中核は，教育課程に基づく各教科，道徳，特別活動，総合学習である。同時に教育課程に示されていない活動があり，その中心が生徒指導である。

　この生徒指導は，「学校の教育目標を達成するうえで重要な機能」である（文部科学省，以下，文科省，2010）。学校が一人ひとりの児童生徒に対して，組織的・計画的な生徒指導を展開していくためには，校内の生徒指導体制を確立する必要がある（文科省，2010）。生徒指導の方針・基準を決め，これを生徒指導の全体指導計画および年間指導計画に位置づけるとともに，校内研修を通じて教員間で共有し，一人ひとりの児童生徒に対して，一貫性のある生徒指導を行うことのできる校内体制を作ることが必要である。

　ここでは，生徒指導体制を「計画」「運営委員会（マネジメント委員会）の機能」「組織」「生徒指導主事の役割」「研修」「連携」と捉える。

生徒指導の全体指導計画・年間指導計画

　生徒指導を全校体制で推進していくためには，指導計画の作成が大切である（文科省，2010）。つまり，生徒指導を運営するにあたっては，生徒指導の全体指導計画（図1）および年間指導計画（表1）を作成する必要がある。緊急に対応しなくてはならないケースもあるが，基本的には全体指導計画および年間指導計画に沿って，児童生徒の実態や発達に対応した意図的・計画的な指導がなされるべきである（山口・石隈，2005）。

2 学校における生徒指導体制

校訓
- 個性伸長
- 自主自律
- 研究創造
- 堅忍力行

教育目標
- ○心身ともに健康で，たくましく生きようとする生徒を育てる。
- ○探究心や創造力豊かな生徒を育てる。
- ○豊かな情操と愛校心に満ちた生徒を育てる。

努力点
1. 心身ともに健康で，たくましく生きようとする生徒を育てる。
2. 探究心や創造力豊かな生徒を育てる。
3. 豊かな情操と愛校心に満ちた生徒を育てる。
4. 学習指導要領改訂の趣旨を生かした学習指導の充実，工夫，改善に努める。
5. 地域の教育力を生かした，信頼と活力に満ちた開かれた学校づくりを推進する。

生徒指導テーマ
一人ひとりの能力を生かす生徒指導―ほめて・認めて・励まし育てる指導―

生徒の実態
挨拶がよくでき，素直な生徒が多い。また，A中の伝統を重んじ，責任感の強い生徒や，何事にも前向きに挑戦し，夢の実現に向けて，努力する生徒も多い。しかし，次の点は今年度さらに強化していきたい。
- 基本的生活習慣の育成
- きちんとした服装の徹底
- 不登校の解消
- 地域の人にも元気な挨拶
- 時間厳守行動

目指す生徒像
- ○進んで学習し，自ら伸びようとする生徒
- ○学校を愛し，みんなのために尽くそうとする生徒
- ○何事にもチャレンジし，最後までやり抜こうとする生徒
- ○工夫して，潤いのある生活にしようとする生徒

生徒指導の重点目標
- ○生徒一人ひとりの存在を認め，自己実現へ向けた積極的生徒指導を行う。
「ほめること・認めること・励ますことで存在感を実感し，自分の能力をさらに生かせる教育活動」
- ○スクールカウンセラーを通して生徒自らが問題の解決を図れるよう援助する。
「さわやかな笑顔が見られる学校生活」「ピアカウンセリングの整備」
- ○いじめや不登校，問題行動等の未然防止と早期解消を図る。
「見逃さない・見捨てない」「問題対処はその日のうちに」
- ○規範意識の高揚を図る。
「あたり前のことが，あたり前にできる生徒」
- ○家庭，地域社会，関係機関との連携を図る。
「抱え込みから開かれた連携へ」「情報連携から行動連携へ」

生徒指導方針
- ○ほめて・認めて・励まして，自ら行動できる指導に心がける。
- ○学校の全ての教育活動を通して，全教師が生徒指導の目的達成に努める。
- ○各領域における指導，学級経営の立場からの指導等相互の関連を図る。
- ○常に，生徒の実態をとらえることに心がけ，個に応じた指導に配慮する。
- ○家庭，地域社会，関係機関との連携を密に図りながら指導に当たる。

図1　生徒指導全体

生徒指導の努力点
- ○個の能力が生かせるように「ほめて・認めて・励まして」個が自ら行動できるよう，全職員で生徒指導に当たる。
- ○全職員が共通理解を図り，学級担任と他の教師の連携を大切にし，継続的に共通理解・共通実践ができる体制を確立する。
- ○教師と生徒，生徒相互の人間関係を深める学級経営を目指し，生徒一人ひとりが所属感をもてる教室環境の工夫を図り，学級が「心の居場所」としての機能を果たすように努める。
- ○わかる授業の展開に心がけ，学業不振の生徒に対しては，個に応じた指導援助を行い，自己解決に向けた態度の育成を図る。
- ○組織的・継続的な情報交換を行い，統合的な生徒理解に努める。
- ○定期的な教育相談はもとより，授業や日常的な触れ合いを心がけ，生徒の内面を多面的に理解するように努める。
- ○学校不適応生徒の解消にむけて，その背景となる要因を的確に把握しながら，家庭・関係諸機関・諸団体との連携を密にして，個に応じた指導援助を行う。
- ○いじめの未然防止と解決のために，日頃から生徒の交友関係や生活実態のきめ細かな把握に努める。
- ○豊かな心育成委員会を設置し，その活動の一環としてさわやかマナーアップ運動を推進し，挨拶等のマナー向上に努める。
- ○生徒会活動，学級活動，部活動の生徒活動を促進し，望ましい人間関係を育てるとともに自主的，自律的な生活態度の育成に努める。
- ○道徳教育を充実し，より高い価値観を育て，道徳的実践力を培う。

学年別生徒指導目標
- 1年 教師と生徒，生徒同士の人間関係を密にして，中学校生活に適応する生活習慣の形成を図る。
- 2年 中堅学年としての自覚をもち学校生活を充実させ，何事にも真剣に取り組む生活態度の育成を図る。
- 3年 最上級生としての自覚を高め積極的に諸活動に参加するとともに，進路選択の能力を育てる。

教科と生徒指導
- ○生徒一人ひとりの能力や適性の発見に努め，ほめること等でその伸長を図る。
- ○学業不振生徒の早期発見とその原因の究明に努め，個に応じた指導援助を行う。
- ○自発的，自主的に学習する態度と習慣の育成を図る。
- ○各教科担任と学級担任との連携を密にして指導の効果を高める。

道徳と生徒指導
- ○生徒の道徳性を高め，望ましい行動の習慣化を図るための基盤をつくる。
- ○道徳教育を充実して，望ましい価値観の育成を図る。
- ○生徒一人ひとりが具体的な日常生活の問題に対して適切な自己指導ができるようにする。

指導計画の例（中学校）

表1　生徒指導に関する年間指導計画の例（中学校）

月	学校行事	生徒生活目標	努力目標	研修・スクールカウンセラー活用
4	入学式 始業式 生徒会入会式 保護者会 授業公開	1 中学生としての自覚をもとう。 2 あいさつをしっかりしよう。	1 新年度生徒指導体制の確立（学校・学級・生徒会・クラブ・部） 2 規律ある学校生活の確立（生徒手帳の活用）	活用計画の立案・作成
5	生徒総会 修学旅行(3年) 宿泊学習(2年) 避難訓練(地震) 交通安全教室	1 あいさつと返事をしっかりしよう。 2 責任ある行動をしよう。	1 学習環境の整備 2 係活動・委員活動の徹底	いじめ，不登校対策委員会での助言
6	中間試験 学校公開 スポーツテスト プール開き	1 時間を守ろう。 2 清掃にしっかり取り組もう。	1 生徒指導の充実（生徒理解） 2 保健指導の徹底（梅雨期の衛生） 3 安全点検の徹底	問題行動生徒への援助指導
7	期末試験 終業式 保護者会	1 1学期のまとめをしよう。 2 身体を鍛えよう。	1 1学期のしめくくり（評価の適正，進度の調整，諸帳簿の整理） 2 夏季休業中の事前指導の徹底（事故防止，保健指導，規律ある生活）	生徒指導についての職員研修（第1回）
8	夏休み学習会	1 規則正しい生活をしよう。	1 諸行事への積極的参加を促す	長期休業中の生徒への援助指導
9	始業式 体育祭 生徒会役員選挙 避難訓練(不審者)	1 時間を守ろう。（行事に対しての意識をもつ） 2 身体を鍛えよう。	1 諸行事の効率的な実施（体育祭） 2 学級生活の充実 　規律ある生活指導，授業への積極的参加	関係機関との連絡調整， いじめ，不登校対策委員会での助言
10	生徒総会 校内写生会 交通安全教室	1 交通規則を守ろう。 2 学習に積極的に取り組もう。（チャイム着席，学習の準備の励行）	1 学習環境の整備（教室，廊下）（生徒に所属感をもたせる） 2 職員研修の充実（教科部会の充実）	生徒指導についての職員研修（第2回） カウンセリング後の変容等情報収集
11	中間試験 合唱祭	1 読書をしよう。 2 決まりを守ろう。（交通規則，服装など）	1 生徒指導の充実（個に応じた指導の工夫） 2 職員研修の充実（教科部会の充実）	問題行動生徒への援助指導

12	終業式 保護者会 期末試験	1 2学期のまとめをしよう。 2 健康に留意した生活をしよう。 （かぜに対する予防）	1 2学期のしめくくり （評価の適正，進度の調整，諸帳簿の整理） 2 冬季休業中の事前指導の徹底 （事故防止，保健衛生，家庭学習など）	不登校生徒への在宅訪問および援助指導
1	始業式 スキー教室（1年） 進路説明会	1 新年の計画を立てよう。 2 進路について考えよう。	1 保健衛生指導の徹底 2 進路指導の徹底 3 規律ある学校生活	生徒指導についての職員研修（第3回） 問題行動，いじめ，不登校対策委員会での助言
2	中間試験 立志式 避難訓練（地震）	1 誇りある校風を築こう。 2 正しい服装をしよう。	1 保健安全指導の徹底 （事故防止） 2 進路指導の徹底	特別支援学級入級に関する助言
3	期末試験 卒業式 終業式 卒業生を送る会 保護者会	1 1年間のまとめをしよう。 2 感謝の気持ちをもとう。	1 1年間のしめくくり （進路相談，評価の適正，諸帳簿の整理） 2 進路・生徒指導の充実 （学年末の指導）	まとめ，次年度への検討

　生徒指導の全体指導計画の作成にあたっては，学校の児童生徒の実態を十分踏まえることが大切である。全体指導計画には，①教育目標，②目指す児童生徒像，③生徒指導目標，④生徒指導の努力事項，⑤学年別生徒指導目標等が明記されていることが望ましい（山口・石隈，2005）。

　また，年間指導計画には，①各月の生活目標，②学校行事，③校内・校外生活指導，④保健安全指導，⑤教科・道徳・特別活動を通しての指導等が明記されていることが望ましい（山口・石隈，2005）。

運営委員会（マネジメント委員会）の機能

　生徒指導体制を充実させるためには，校長，副校長・教頭の指導の下に，援助サービスのマネジメントが必要である（文科省，2010）。学校全体の援助サービスのマネジメントを担う委員会は，「運営委員会（マネジメント委員会）」で

ある。中学校におけるマネジメント委員会の構成員は，校長，副校長（・教頭），教務主任，生徒指導主事，学年主任，進路指導主事，保健主事である（山口・石隈，2009）。

　山口・石隈（2010）は，中学校におけるマネジメント委員会の機能について明らかにしている。それによれば，中学校のマネジメント委員会には，「情報収集・問題解決」機能，「教育活動の評価と見直し」機能，「校長の意思の共有」機能がある。「情報収集・問題解決」機能は，学年会・委員会における情報の共有と，学校の問題に対する対策立案の機能である。次に，「教育活動の評価と見直し」機能は，教師の生徒に対する教育活動や保護者への対応などについての評価と見直しの機能である。そして，「校長の意思の共有」機能は，校長の意思が全教員に共有されているかどうかに関する機能である。

生徒指導の組織

　「生徒指導を全校体制の中で推進するには，校長の経営方針の下に学校のあらゆる組織が効果的に機能することが重要である」（文科省，2010）。そして，「生徒指導を担当する者は，言うまでもなくすべての教師である」（文部省，1981）。それらの教員が構成員である各学校の校務分掌の組織やその構成の仕方は，小学校，中学校，高等学校や特別支援学校といった校種や規模によってさまざまである。組織の名称や役割分担にも相違がみられる。一般的な例を示す（図2）。

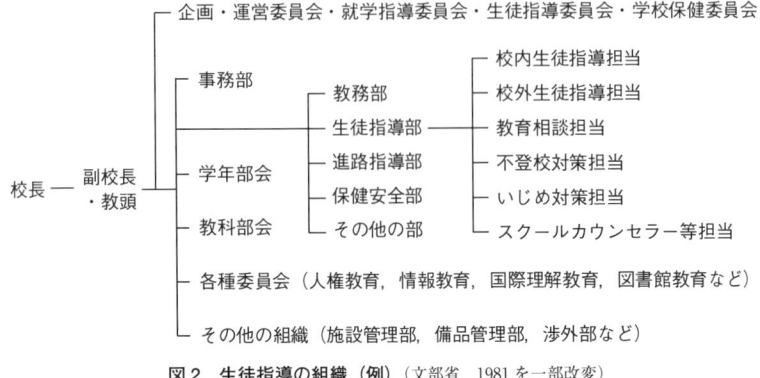

図2　生徒指導の組織（例）（文部省，1981を一部改変）

生徒指導を直接担当する組織は生徒指導部である。生徒指導部は，「生徒指導体制を整え，生徒指導上の問題を研究したり，情報を提供したり，他の教師の生徒指導上の相談に応じたりする役割をもつ」（文部省，1981）。

　生徒指導部の具体的な活動には，①生徒指導の全体指導計画・年間指導計画の作成と運営，②生徒指導に関する情報収集，③学校内外の生活規律の指導，④児童生徒への面接・家庭訪問などの直接的指導，⑤学級担任，その他の教師や保護者へのコンサルテーション，⑥外部の専門機関等との連携協力などの役割がある（文部省，1981）。

生徒指導主事の役割と資質・能力

　生徒指導体制を充実させるためには，校長，副校長・教頭などの指導の下に，生徒指導主事をコーディネーターとするマネジメントが必要である（文科省，2010）。つまり，生徒指導主事が大きな役割を担う。

　生徒指導主事は，生徒指導部の責任者である。「生徒指導主事は，校長の監督を受け，生徒指導に関する事項をつかさどり，当該事項について連絡調整及び指導・助言に当たる」（学校教育法施行規則第70条第4項）と規定されている。

　『生徒指導提要』（文科省，2010）では，生徒指導主事には，主として以下の4つの役割があるとされている。

①生徒指導の組織の中心として位置づけられ，学校における生徒指導を組織的・計画的に運営していく責任をもつこと。
②生徒指導を計画的・継続的に運営するため，校務の連絡・調整を図ること。
③生徒指導に関する専門的事項の担当者になるとともに，生徒指導部の構成員や学級担任・ホームルーム担当，その他の関係組織の教員に対して指導・助言を行うこと。
④必要に応じて児童生徒や家庭，関係諸機関に働きかけ，問題解決に当たること。

　つまり，その職務内容は，その学校の生徒指導の全般にわたるものと解され，

担当の生徒指導部内のことだけにとどまるものではない。これらの職務内容を学校心理学の援助サービスの枠組みで整理すると次のようになる（山口・石隈，2005）。①は，生徒指導の運営であり，援助サービスのマネジメントである。②は，教員間の連絡・調整であり，コーディネーションである。③は，専門的知識や技術に基づいた実践とともに，教員への指導・助言であり，コンサルテーションも含む。④は，②の連絡・調整や③の指導・助言に加えて，保護者や家庭，担任や他の関係機関との連携であり，援助資源を活用したチーム援助の促進である。このような活動の中で，生徒指導主事は，学校全体の援助サービスのコーディネーターであり，プロモーターである（大野，1997）。

以上のような役割を確実に推進していくためには，次のような資質・能力が求められるとされている（文科省，2010）。

①生徒指導の意義や課題を十分理解していて，他の教員や児童生徒から信頼されている。
②学校教育全般を見通す視野や識見をもち，生徒指導に必要な知識や技能を身につけているとともに，向上を目指す努力と研鑽を怠らない。
③生徒指導上必要な資料の提示や情報交換によって，全教員の意識を高め，共通理解を図り，全教員が意欲的にとりくめるようにする指導性をもっている。
④学校や地域の実態を把握し，それらを生かした指導計画を立てるとともに，創造・工夫に満ちたより優れた指導が展開できる。
⑤社会の変化や児童生徒の揺れ動く心を的確に把握し，それを具体的な指導の場で生かしていく態度が身についている。

生徒指導に関する研修の充実

生徒指導体制を充実させるためには，すべての教員が問題意識や生徒指導の方針・基準を共有することが必要である（文科省，2010）。つまり，生徒指導の全体指導計画，年間指導計画が作成されても，教員間の日々の活動の中で具体的に「誰が，誰に対して，何を，いつ，どのように」実施するのかの生徒指導に関する共通理解が十分なされていないと，生徒指導の機能が十分発揮されな

いのである（山口・石隈，2005）。そこで，生徒指導上の具体的な考え方や方法を徹底する必要がある。それによって，教員間の共通理解が図れ，統一した対応，つまり共通実践が可能になる。そのためには，すべての教員が参加する定期的な生徒指導に関する研修を実施し，共通理解を図ることが大切である（山口・石隈，2005）。そして，「生徒指導の実践的指導力の向上を図る」必要がある（高橋，2002）。研修には，校内研修と校外研修とがある。

(1) 校内における研修

校内における研修は，先述の全教員が参加する研修と主として生徒指導担当教員が参加する研修とがある（文科省，2010）。

全教員による生徒指導に関する研修会は，年度初めから，学校の研修計画に位置づけておくことが望ましい（山口・石隈，2005）。回数は，学期1回の年間3回程度が適当であろう。なお，校内研修を実施する際，県の教育研修センターや市町村主催の生徒指導に関する研修会との有機的な関連を考慮すると，より効果的である。また，スクールカウンセラーを活用して，学校カウンセリングなどに関する研修を実施するのもよいであろう（山口・石隈，2005）。

生徒指導を主として担当する教員によって行う研修は，より専門的な内容に関する知見を深めたり，特定の問題に対する対策などについて具体的に協議したりすること（事例検討会など）が通例である。そこでの協議題としては，①指導の成果や各学年における状況に関する情報の共有化，②特定の複雑で解決が困難な問題などに関する対応策の協議，③新たな指導方法や技法に関するより専門的な研修，④校内における全教員が参加する研修会の企画運営，などがある（文科省，2010）。

(2) 校外における研修

生徒指導に関する校外における研修は，主として県や市町村教育委員会（教育センター）などが主催している。生徒指導主事や教育相談主任など，校内のリーダーを対象とした研修と教員の経験年数に応じた研修とがある（文科省，2010）。

文科省（2010）によれば，前者の校内の生徒指導のリーダーを対象とした研

修内容としては，①生徒指導に関する新たな理論や情報，②生徒指導における校内のリーダー層として必要とされる資質・能力，③校内における生徒指導上の問題に対応するチーム援助（石隈，1999；山口，2003），④校内における生徒指導に関する研修の企画・運営，⑤生徒指導に関する情報交換や事例の提供，参加者による協議などがある。後者の経験年数に応じた研修内容としては，上記の①②③などがある。

　いずれにおいても，用意された研修の機会を待つだけでなく，教員一人ひとりの自発的意志によって自らの資質・能力を高めようと努めることが肝要である（文科省，2010）。

関係機関との連携

(1) 連携の基本的考え方

　連携とは，学校だけでは対応が難しい児童生徒の問題行動に対して，関係者や関係機関と協力し合い，問題解決のために相互支援をすることである（文科省，2010）。専門家との日常的な連絡と協力関係が重要であるが，対応のすべてを相手に委ねるのではなく，学校で「できること」「できないこと」を見きわめ，学校でできないことを外部の関係機関に指導・援助してもらうことが連携である（文科省，2010）。

　連携の考え方は，コラボレーションの考え方に基づいて行うことが原則であり，ここでいうコラボレーションとは「専門性や役割の異なる専門家が協働する相互作用の過程」（文科省，2010）である。

　学校と関係機関との「つなぎ役」として，スクールカウンセラー等の専門家の役割が重要になる。スクールカウンセラー等の調整により，具体的な方向性が明確になりチーム援助が効果的に行われる（石隈，1999；石隈・山口・田村，2005）。

(2) スクールカウンセラーとの連携

　スクールカウンセラーは，平成7年度（1995年度）より，不登校をはじめとする児童生徒の問題行動の未然防止，早期発見・早期対応等のために「心の専

門家」として配置された。

『生徒指導提要』(文科省，2010) によれば，スクールカウンセラーの主な職務は，①児童生徒や保護者に対する援助，②教員に対する援助，③外部機関との連携である。

(3) 関係機関との連携の留意点

『学校における教育相談の考え方・進め方—中学校・高等学校編—』(文部省，1990) には，関係機関との連携の留意点として，以下の3点が述べられている。第一，関係機関についての情報を収集し，その特徴や利用法について十分な理解をもつこと。第二，事前に関係機関と連絡を取り，その意見をふまえて保護者によく内容を説明しながら援助サービスを進めること。第三，学校としてできること，できないことをはっきりすること。

さらに，関係機関それぞれの職能，機能，所在・連絡先や担当者などを知っておくことは，学校として必要なことであり，一覧にまとめて「マニュアル」にしておくなどの工夫も必要である (文科省，2010)。

山口豊一 (跡見学園女子大学)

【文献】

石隈利紀　1999　学校心理学—教師・スクールカウンセラー・保護者のチームによる心理教育的援助サービス　誠信書房

石隈利紀・山口豊一・田村節子　2005　チーム援助で子どもとのかかわりが変わる—学校心理学にもとづく実践事例集—　ほんの森出版

文部省　1981　生徒指導の手引き (改訂版)　大蔵省印刷局

文部省　1990　学校における教育相談の考え方・進め方—中学校・高等学校編—　大蔵省印刷局

文部科学省　2010　生徒指導提要　教育図書

大野精一　1997　学校教育相談—理論化の試み—　ほんの森出版

高橋　超　2002　生徒指導の教育的意義　高橋　超・石井眞治・熊谷信順 (編著)　生徒指導・進路指導　ミネルヴァ書房

山口豊一　2003　チーム援助に関する学校心理学的研究—不登校生徒への三次的援助サービスの実践を通して—　学校心理学研究, **3**, 41-53.

山口豊一・石隈利紀　2005　学校心理学が変える新しい生徒指導——人ひとりの援助

ニーズに応じたサポートをめざして―　学事出版
山口豊一・石隈利紀　2009　中学校におけるマネジメント委員会の意思決定プロセスと機能に関する研究　日本学校心理士会年報, **1**, 69-78.
山口豊一・石隈利紀　2010　中学校におけるマネジメント委員会に関する研究―マネジメント委員会機能尺度（中学校版）の作成―　日本学校心理士会年報, **2**, 73-83.

3

学校における危機管理

はじめに

　児童生徒の学力や社会性の向上といった心理的側面と体の発育や体力の向上といった身体的側面の調和的な発達のために，学校は安全で安心できる場所でなければならない。学校安全は，安全管理と安全教育の側面から，生活安全，交通安全，災害安全のための実践課題を設定して取り組まれてきた。平成21年（2009年）度の学校保健安全法の改正と改題により，学校安全計画の策定と実施（第27条），学校環境の安全確保（第28条），危険等発生時対処要領の策定による的確な対応の確保（第29条），地域の関係機関との連携による学校安全体制の強化（第30条）をさらに進めるよう規定された。

　このような取り組みの一方で，学校において凄惨な事件や事故が発生している。日常的には，いじめ，窃盗，けんか，暴力事件，体育の授業や部活の際のけが，理科の実験での火災といったようなものから，学校全体を巻き込むようなもの，例えば殺傷事件や放火事件，また地域全体の危機である自然災害（台風，地震や津波）などさまざまである。事件・事故などによって学校の運営機能に支障をきたすような事態は，「学校危機（school crisis）」と呼ばれ，学校は，特別な備えや対応が求められるようになってきた。

学校における危機と対応

　危機（crisis）について，キャプラン（Caplan, 1974）は「一時的に，個人のいつもの問題解決手段では解決ないし，逃れるのが困難な，重大な問題を伴った危険な事態へ直面した，個人の精神的混乱状態」と定義した。危機状態の混

表1 学校危機の内容と対応 (上地, 2003より作成)

危機のレベル	具体例
個人レベルの危機	不登校, 家出, 虐待, 性的被害, 家庭崩壊, 自殺企図, 病気など
学校レベルの危機	いじめ, 学級崩壊, 校内暴力, 校内事故, 薬物乱用, 食中毒, 教師バーンアウトなど
地域社会レベルの危機	殺傷事件, 自然災害(大震災), 火災(放火), 公害, 誘拐・脅迫事件, 窃盗・暴力事件, IT被害, 教師の不祥事など

乱に対し, 適切な介入が必要となる。

　学校における危機について, 上地 (2003) は, 個人レベル, 学校レベルおよび地域社会のレベルの3つに分類している (表1)。学校は, 校内や登下校中などの学校管理下で発生した危機に対応するだけでなく, 児童生徒個人の問題への対応や, 地域社会で発生している問題への対応を求められる。

　個人レベルの危機には, 家族の死亡, 帰宅後の事件・事故, 家族旅行中の事故など, 学校管理下に含まれないものもある。しかし, 児童生徒には, 学校での交友関係を考慮した対応が必要になり, 学校教育のなかで取り扱う必要がある。また, 自然災害のように多くの児童生徒が類似した危機を同時に経験したような場合, それが学校外の時間帯であっても配慮が必要とされる。教職員個人の危機についても, 児童生徒への影響が想定される場合には危機対応が必要な事態となる。

学校危機管理の概要

　学校の事件・事故の防止のためには, 日頃から事件・事故につながる危険因子の除去に努めなければならない。しかし, 日頃から万全な取り組みをしていても事件・事故が発生する場合があり, そのような状況では, 迅速な対応を行い, 被害を最小化し, そして, 早期回復に向けたケアの実施が求められる。

　そのためには, 学校は, 事件・事故を想定した校内の危機管理体制を整備しておくこと, 外部の関係機関との連携の確認が不可欠である。さらに, 被害からの早期の回復のために, すべての教職員は, 子どもたちへのケアの進め方に

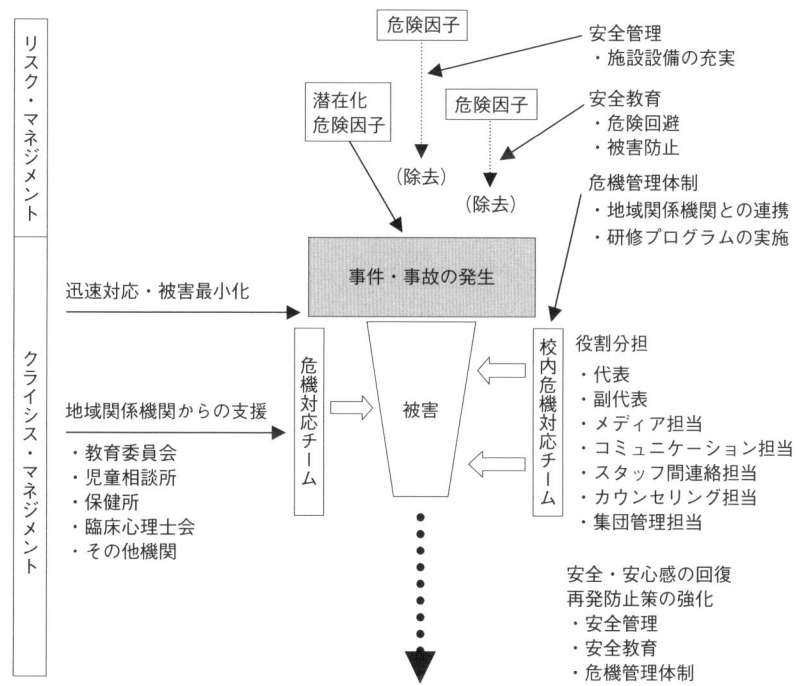

図1　危機管理のプロセス例（瀧野, 2004）

ついてあらかじめ知識を得ておくことが望まれる。

　学校危機管理に関する概要を，事件・事故を回避するための学校が取り組む「リスク・マネジメント」の部分と，事件・事故が発生した直後に，被害を最小化し，早期回復への取り組みとしての「クライシス・マネジメント」の部分に分け，概略を図示した（図1）。

(1) リスク・マネジメント

　リスク・マネジメントは，事件・事故の発生を未然に防ぐための取り組みで，「一次予防」や「予防（prevention）」と呼ばれる。安全管理は，学校の施設や設備を点検し，事件や事故につながらないように実施される。次に，安全教育の取り組みでは，危険に気付いて回避し，被害にあわないように予防的な指導を行う。児童生徒が危険への感受性を高め，自律的に安全行動を選択して行動

できるように指導する。つまり，リスク・マネジメントは，危険因子を早期に発見して除去または回避することで，事件・事故の発生を未然に防ぐことを目的としている。これらに加え，学校は危機管理の体制づくりをしておくことが求められる。それは，事件・事故が潜在的で突発的な危険因子によって引き起こされ，事件・事故の発生を回避できなかった場合に，できる限り迅速に対応して被害を最小化するための準備として，校内に危機に対応できる体制を整備しておくことである。危機時の学校運営（学校運営組織の再編成，短縮授業や休校，保護者説明会などに関する協議，マスコミ対応を含めた情報管理）に関するシミュレーションを実施すること，地域の関係機関との連携の確認や事前打ち合わせなど，積極的な準備が必要である。

加えて，教師が取り組む積極的な生徒指導の実践も，リスク・マネジメントの取り組みにつながる。例えば，いじめ防止のための学級活動，アンガー・マネジメントによる怒りや攻撃性の置き換え訓練，社会的スキルやコミュニケーションスキル，ピア・サポート，ピア・メディエーションなどによる児童生徒間の良好な仲間関係づくり，ストレス・マネジメント，自殺予防，人権学習などの実践がそれに該当する。

(2) クライシス・マネジメント

安全管理や安全教育といった一次予防の取り組みを進めていたにもかかわらず，学校に危機事態が発生した際には，学校運営と心のケアに迅速で適切な介入を行い，被害を最小限にとどめる対応が必要になる。こうした初期の対応や早期の介入は，クライシス・マネジメントの段階であり，「二次予防」や「介入（intervention）」と呼び，迅速な対応と被害の最小化，安全な状況への回復を目標とする。

具体的には，発生した事件・事故によって負傷者が出た場合，応急処置を行う。救命処置が必要な場合にも即座に対応し，救急車の手配を行う。日頃からの訓練により，どの教職員でも救命救急処置を実施できるようにしておくことが大切である。

事件・事故の状況によっては警察への通報を行う。救急車の誘導，同乗する教職員の選定，搬送先医療機関を確認して保護者への連絡，教職員への指示，

児童生徒の不安や恐怖心といった精神的混乱を最小限にするように校内で安全な場所への移動や退避を実施する。被害にあった児童生徒の氏名や被害の程度について情報収集を行ったり，児童生徒の点呼を実施する。また，当日の授業や行事内容を変更したり，中止の判断が必要な場合もある。このように，短時間に多くの事柄をもれのないように迅速に実施することが求められる。

さらに，被害の最小化のために，即座の対応に加え，児童生徒の二次被害を回避するための対処をしなければならない。例えば，危機事態が事件・事故の場合は，まず，児童生徒を現場から離れた安全な場所に移動させる。警察の事情聴取に対しては，カウンセラーなど心理の専門家の同席を求めるなど，安全な進め方を要請し，二次被害の防止に努めなければならない。周囲からの言葉や態度，マスコミからの取材や報道においても，不快感や不利益な扱いによって精神的負担や時間的負担を感じたり，傷ついたりしないような配慮が必要となる。

危機事態に一応の収束の判断ができた段階では，危機の解決に向け，当日の対応，翌日以降の対応，1週間後，それ以降の中長期的な対応について方策を検討する。まず，混乱した学校運営面の回復のために，教職員への現況の報告と情報の共有，人員のバックアップ体制づくり，当日の授業などのスケジュール調整などの対応を短時間で決定する。学校の運営面の方針が定まったあとで，次に，心のケアを含めた心身の健康状態の確認や具体的なケアの実施についての方策を検討する。そして，外部の専門家や専門機関からの支援が必要かどうかを見きわめ，当該の児童生徒に対応する学級担任や教職員に対する適切な応対の仕方を含めた心理教育の研修の準備をしておく必要がある。

学校危機時には学校運営の進め方と心のケアの実施は相互に関係しており，時間経過に伴ったアセスメント結果を考慮しながら，徐々に日常の組織運営を回復していくようにしていく。その中では児童生徒の安心感，安全感，信頼感，自己コントロール感の回復のためのさまざまな取り組みを進める必要がある。

事件・事故後数日から1週間，その後の継続的な対応については，まず，事件・事故後の児童生徒にみられる反応について理解しながら，何を目標にして対応するか検討する。児童生徒の反応はさまざまであっても基本線として，児童生徒が学校生活の中で，安心感，安全感，信頼感，自己コントロール感を回復

することを目標にする．心のケアの対象については，学校や学級全体を対象にする対応，ニーズが類似した少人数のグループを対象にする対応，個別対応の3段階で考えておくとよい．そして，ケアの全体像から担当者別に内容を考え，学校で教師が対応できる内容，スクールカウンセラー等が対応する内容，家庭で対応する内容，外部の医療機関で対応する内容に分けて考える．特に，個別対応の対象者については，特別支援教育と類似した，個別支援プランの作成と運用の中で，上述の考え方が，チームでの支援を効果的に，また，中・長期的に進めていくために大切になる．このような支援のことを「三次予防」や「中・長期対応（postvention）」と呼ぶ．

一方，学級での対応については，被害にあった児童生徒に対して，よりよい適応につながる環境を整備することが必要になる．学級での友人や教師との人間関係，社会的サポートの実践に努めなければならない．教室における教師の態度は児童生徒のモデルになることが多い．日ごろの学校生活に加え，学校行事，記念日の対応についても，児童生徒の適応につながる配慮を計画的に準備していく必要がある．

最後に，事件・事故の発生直後からの被害への対応と併行して，学校は，再発防止策についての具体的取り組みを提示しなければならない．危機が継続している場合はその被害を回避し，最小化するための方策を迅速に示す必要がある．そして，二度と同じ事件・事故を繰り返さないための取り組みを具体的に示し，実践しなければならない．事件・事故の教訓を生かすために行う，安全管理の見直しと徹底，安全教育の強化，危機管理体制の見直しと強化がそれにあたる．このことは，リスク・マネジメントの内容と類似した事柄になるが，再発防止に向けてより徹底した取り組みを，事件・事故直後の安全・安心感の回復とあわせて開始しなければならない．

これからの学校危機対応に向けて

繰り返しになるが，学校で危機的な状況が発生した場合，その状況への対応とともに再発防止策を提示することが求められる．すなわち，事件・事故を振り返り，これまでのリスク・マネジメントの取り組みで不足していた点を点検

評価し，リスク・マネジメントをさらに強化する方向で再発防止策を策定して，実施しなければならない。学校が危機状況に至らないためにも，一次予防の実践である日頃からのリスク・マネジメントの活動に緊張感をもって取り組む必要がある。

学校危機時の学校運営への支援において，事件・事故に対応して，教育委員会がカウンセラーを派遣することが一般的になりつつある。ただし，直後の心理面の緊急支援にとどまらず，学校を再開し，授業を進め，学校行事を運営していくためには，学校運営組織への事件・事故直後の支援，そして，中・長期にわたる支援が必要である。そこでは，学校経営や学校コンサルテーションというかたちで支援が導入されていくことが期待される。

学校危機における学校心理学の役割

学校心理学の考え方は，学校危機対応においても適用可能である。

まず，一次予防として教員が取り組むことができる内容に注目すると，積極的な生徒指導の実践がある。いじめ防止，アンガー・マネジメント，社会的スキル，ピア・サポート，ピア・メディエーションなどによる児童生徒間の良好な仲間関係づくりなどの取り組みは，児童生徒が安全で安心できる学校生活が送れるように推進するものであり，これらがリスク・マネジメントにつながる。教員に導入できる内容を提案し，推進することは学校心理学の実践となる。

また，学校危機への対応のために，危機対応の校内体制づくりの提案や助言指導が可能である。学校危機に関する研修会を主催し，事前の危機対応の必要性を説明し，チームを形成して危機発生時の模擬訓練を実施することで，現在の校内危機対応マニュアルや危機対応体制について評価したり改善点を明らかにしたりすることができる。

万一，危機が発生した場合には，急性期の対応（二次予防），継続的ケアの場面（三次予防）で，学校心理学の知識を有する教職員には，コーディネーターやコンサルタントとしての活躍が期待される。

発生直後には，サイコロジカル・ファーストエイド（アメリカ国立子どもトラウマティックストレス・ネットワーク・アメリカ国立PTSDセンター，

2011）の考え方を取り入れ，支援ニーズのある児童生徒，教職員，保護者を特定して適切な資源につなげる応対が期待される。

　継続的ケアの段階では，専門性を発揮し，教職員とスクールカウンセラーをつなぎ，よりよい支援につなげるコーディネート役，日ごろのケア，経過観察や定期的アセスメントを含めたケアの全体的計画立案とその実施にかかわることが期待される。ただし，学校心理学の知識を有する教職員が一人でこれらのことを抱え込むというのではなく，校内の資源を活用してチームで対応すべきである。不足する部分については，外部からカウンセラーを招き，面接やアセスメント結果の読み取り，心理教育のわかりやすい講義をしてもらえるようにコーディネートしていくべきである。こういった発想がもてる教職員が危機対応のチームまたはその周辺で助言できる立場にあれば，よりよいクライシス・マネジメントができる。

　これまで，学校危機事例において，学校心理士の支援活動とその成果が数多く報告されているわけではないが，今後，活動事例を積み重ねていくことで，コーディネーターやコンサルタントとしてのよりよいあり方が広まっていくことを期待したい。

瀧野揚三（大阪教育大学）

【文献】

アメリカ国立子どもトラウマティックストレス・ネットワーク・アメリカ国立PTSDセンター　2011　災害時のこころのケア―サイコロジカル・ファーストエイド実施の手引き　医学書院　（兵庫県こころのケアセンターでも入手可能〈http://www.j-hits.org/psychological/index.html〉）

Caplan, G. 1974 *Support systems and community mental health*. Behavioral Publications.

瀧野揚三　2004　危機介入に関するコーディネーション　松村茂治他（編）　学校心理士の実践（幼稚園・小学校編）　北大路書房　pp.123-136.

上地安昭　2003　教師のための学校危機対応実践マニュアル　金子書房

コラム ❷　都道府県の教育研修センター

　都道府県には，教育研修センター（教育研究所）が設置され，その一事業として，相談事業が実施されている。茨城県教育研修センターの例を述べる。

　本教育研修センターでは，「子どもの教育相談」，「発達が気になる子どもの教育相談」が実施されている。相談内容は，前者は，①不登校に関すること，②いじめに関すること，③非行や退学に関すること，④進路に関すること，⑤その他，身体的・精神的な悩みに関することである。後者については，①発育や発達の遅れの疑いのある子どもに関すること，②心理的な問題で悩んでいる子どもに関すること，③子育てやしつけに関すること，④就学や進路に関すること，⑤その他，身体的・精神的な悩みに関することである。

　担当する課は，「子どもの教育相談」が教育相談課，「発達が気になる子どもの教育相談」が特別支援教育課である。相談担当者は，それぞれの課の指導主事および教育相談員（退職教員）が担っている。

　対象は，いずれの相談事業も幼児から高校生までとそれに関わる保護者および教職員である。相談方法としては，①来所相談，②電話相談，③訪問相談，④巡回相談である。

　なお，「専門医による心の健康相談」事業が実施されている。対象は，「子どもの教育相談」「発達が気になる子どもの教育相談」の中で専門医による指導・助言が必要と思われる児童生徒および保護者である。内容としては，①重症化した不登校，②家庭内暴力，③強迫行動，④特異な行動，⑤その他となっている。相談日は，月一回である。相談担当者は，精神科医，小児科医，臨床心理士等である。教育相談課と特別支援教育課の共同事業である。

　なお，二つの課の共同事業として，「事例検討会」が月一回実施される。対応が難しいケースについて，心理の専門家をスーパーバイザーとして招聘し，指導・助言を受ける。教育相談課および特別支援教育課の相談担当者のスキルアップにつながる。

山口豊一（跡見学園女子大学）

参考：茨城県教育センター http://www.center.ibk.ed.jp/ （2011.05.13.）

4

いじめと生徒指導
―指導理念を変革しいじめを克服する―

我が国の生徒指導改革の視点

(1) 教育理念をどこにおくか

　我が国の戦後の教育は，戦前の伝統主義的な教育に代えて，アメリカから与えられた進歩主義教育理念を導入し教育制度や教育方法を変えてきた。さらに加えて，1970年代のアメリカの教育革新による教育の人間化論の理念をも導入した。その結果，教育の大衆化，民主化を達成し，この観点においては大きな成果を上げることができた。

　しかし，この進歩主義的な教育理念に固執するあまり，"戦前の我が国の教育を悪である"と見なして，戦前の良き教育的遺産を失いつつあることを知らなければならない。戦前において世界的に信用されてきていた日本人の学力の高さや礼儀正しさなどの優れた日本人像も，その影が薄くなってきているのである。

　戦前の教育で最も大切にされてきたことは，権威や規則を重んじること，正当な競争主義や自己責任主義を認めること，道徳における徳目や規範意識をしっかりと教え込むこと，愛国心や社会的正義を醸成することなどであった。しかし，戦後はこのような重要な教育的要素の価値を低く観るようになってしまったのである。そして，偏狭な進歩主義的教育観に囚われすぎてしまって，伝統的教育観を基盤とする幅広い自由な発想による教育的思考を失ってしまっているのである。

　効果のある生徒指導論やいじめ克服論の問題を考えるにあたって，教育理念をどこにおくべきかは，きわめて重要なことである。観念的理念から実効的な教育理念への変換を目指して，堅実な生徒指導法の確立を図っていかなければ

ならない。

(2) アメリカは伝統的教育に回帰して教育を建て直した

　アメリカは，1920年代からの子ども中心主義を主唱する"進歩主義教育論"や，それに加えて1960年代後半から起こった非管理主義を主張する"教育の人間化論"によって，1970〜80年代には，学校規律を乱してしまった。それに起因して学力は低下し，アメリカ教育史上最大の失敗を犯し苦悩の時代を迎えてしまったのである（加藤，2009a）。

　しかしアメリカは，このような困難な教育の状況を，1990年以降には見事に建て直したのである。この成功の第1の原因は，まさに教育理念の建て直しにあったのである。それは，当時のG.ブッシュ大統領が，アメリカ2000教育戦略（America 2000 An Education Strategy; 1991）において，進歩主義教育論や教育の人間化論は，疲れ果てたうんざりする（weary）時代遅れ（outmoded）の教育仮説であると断罪したことである。そして教育を伝統的な当たり前の教育理念に回帰すべきであると宣言して，その改革に成功したのである（加藤，1996）。

(3) 伝統的な教育とは

　教育とは文化である。親から子へ，子から孫へと自然に伝えられ受け継がれてきた1つの文化形態であるといえる。このようにして形成されてきた教育文化は，その家庭，そのコミュニティ，その民族，その国家によってそれぞれ違うようにみえるが，実は大局的に観れば，それはほぼ一定の文化形態になっている。これが普通伝統的教育と呼ばれている世界的にみて共通性をもつ教育形態である。このような伝統的教育は，学問的基盤があって成立したものではなく，それぞれの民衆が自然発生的に創りあげた"当たり前の教育論"から成立したものである。したがって，父母や一般市民にはよく理解でき，容易に納得できる教育形態である。

　このような伝統的教育の理念の共通性は，
　①権威を重んじ，学問的知識とその筋道をしっかりと教え込むこと
　②規律を正し，道徳的品性を陶冶し良い人間形成を図ること

③国を愛し，社会に役立つ有用な人材を育成すること

である。このような教育目的は古今東西不易なものであり，現在世界のどこの国の教育を観てもごく当たり前に志向されている教育理念になっている。

(4) 我が国の教育指導理念を変えなければならない

　現在の我が国の教育界における教育理念は，進歩主義教育論と教育の人間化論との融合されたものに画一化されている。そして，教育行政はこの教育理念のもとに，現場の学校を固く統制している。

　すなわち，G.ブッシュ大統領が指摘した過去アメリカが失敗した時代遅れの教育論に固執して，権威や規則を排除し，子ども自身で経験させ，自らで問題解決をさせ，主体的に価値判断をさせるという教育方法を採り入れているのである。

　このために我が国においては，学界や行政が推奨する進歩的に見える教育観に対しては，一般市民には"奇妙な教育論"と映り，不信を買っているのである。その結果は，父母たちが公立校を嫌い，わが子を私学や塾に志向させる奇妙な方向へ向かっていることに繋がっているのである。

　父母たちは，規律正しく学力が向上できる伝統的な学校を望むのである。現在のような進歩的に見える奇妙な教育は，父母たちの素直な教育要求とは異なっているのである。一般的である当り前の伝統的な教育論は，父母たちばかりではなく，現場の大多数の真摯な教師たちも基本的には賛同しているのである。

　このような伝統的な教育観を基盤として，幅広い"自由な発想"を受け容れることができる教育指導論が展開されていかなければならない。進歩主義的な教育論の固い鋳型のみにはめ込まされているのではなくて，伝統主義的な教育論も含めて自由な思考過程による指導論が認められなければならない。このような教育思考態勢においては，現場の教師の士気が高まり，生徒指導の成功が期待されるのである。

いじめに関する基本認識

(1) いじめはいつでもどこでも存在する

　いじめやハラスメント（嫌がらせ）の存在しない人間社会などはない。ましてや，学校におけるような発達段階にある青少年集団においては，いじめは当然ながら起こりうるものである。この認識がないところには，いじめを克服するための的確ないじめ対策は，考えられないのである。

　ところが，我が国においては皮相的な徳治主義教育論が存在していて，いじめが起こるような学校は最低の学校であると決めつけてしまう通弊がある。そして，いじめが起こったとき，"本校ではいじめがあるとは知らなかった"とか"生徒を信頼していたのに残念である"とかの情緒的な不条理な発言が，学校の責任者からしばしば聞かれる。そして，何らの具体的な対策もとれないままに，カウンセラーに依頼するとか，クラスで生徒同士で話し合いをさせるとかで，その場しのぎをしてしまうことになる。

(2) 皮相的な徳治主義

　なぜ我が国においては，このようにいじめ対策に遅れをとっているのであろうか。その1つの大きな要因は，我が国特有の"徳をもって治める"，"教育は信頼関係で成り立つ"というような情緒的な非合理的な，うわべだけの徳治主義的教育観にさいなまれているからである（加藤，2009a）。

　この徳治主義教育論からは，教育の信頼関係が強く主張され，教育指導上重要である管理体制や規律や規則を尊重するという合理的な指導方策の価値を低く観てしまうのである。"いじめが起こるような学校は，管理や規則が優先されていて教育的に観て最低である"というように決めつけてしまって，合理的な指導姿勢を真逆に評価してしまう。そして，いじめが起こったときには，「学校の対応の悪さ，教師の指導力不足」というようにレッテルを貼り，現場の学校や教師にすべての責任を押し付けてしまうのである。

　このような我が国の現状を冷静に観るとき，多くの学者や教育行政者たちの"自我耽溺"的な観念的な教育指導論に問題があるのではないか，とはいえない

であろうか．自らの独り善がりな徳治主義的観念に溺れて，その観念的な指導過程（プロセス；process）をことさら重視する．そして，その実効的結果である事実証拠（エビデンス；evidence）に対しては，何らの責任をとらないという学界や教育行政の実態がある．

このような状況のもとで現場の教師たちは，管理や規則という生徒指導上の重要な武器を取り上げられてしまい，"丸裸で"生徒指導に取り組まされてしまっているのである．教師たちは徒手空拳のもとに，何らなす術もなく，生徒理解をして，目線を下げて，受容と共感のもとにカウンセリングマインドをもって心のケアを行えといわれているのである．

このような誤った皮相的な徳治主義的指導論のもとでは，学校規律が乱れ，合理的ないじめ対策が困難になっているのである．このことは，過去アメリカが経験した1970〜80年代の学校規律の乱れによる苦悩の時期のあったことを思い起こせば明らかなことである．

いじめの基礎研究はすでにできている

(1) 世界のいじめに関する研究

1970年代以降からの学校規律の乱れは，アメリカをはじめ西欧諸国においても顕著になってきた．このような状況に伴い，いじめの増大やその悪質化が社会問題化してきた．1980年代に至って世界の学界においては，いじめの実態とその対策についての調査研究が鋭意進められてきた．

これらのいじめに関する研究で最も著名な学者はノルウェーのベルゲン大学のD. オルウエズ（Dan Olweus）であるが，彼をはじめアメリカのハーバード，オハイオ，シカゴ，フロリダなどの各大学におけるいじめの実証的研究が，急速に進展してきたのである．

その集大成として，1987年にハーバード大学において，全米学校安全センター主催の「学校におけるいじめに関する実践活動」の研究大会が行われ，ここで，次の5つの「いじめ防止プログラム」が採択された（加藤，2009b）．

①学校のいじめは代表的な教育問題である，との認識をもつ．

②加害者に対する恐怖が毎日迫ってきていて，それを避けるためには家庭に留めおく，避難させる，などの対策が必要である。そして被害者が孤独である場合は自殺の恐れがあることを認識する。
③若いときにいじめを行った者は，大人になってからも犯罪を行ったり，家族に迷惑をかけたり，職業的な問題者になったりする。学校におけるいじめの早期防止は，被害者を守るばかりではなく社会の秩序をも守ることになる。
④子ども同士のケンカは若者らしい正常な態度を現わしていて，一般的な行動態度であれば，それはいじめの範疇から外して考えられる。
⑤アメリカ合衆国は，国家的調停や防止プログラムをもつべきで，政府がいじめ問題を処理していくというスカンジナビアや日本のような方向に進むべきである。

このようないじめに関する基本認識が採択された。この研究大会以降アメリカの教育委員会や学校においては，いじめ対策の実践的指導が急速に進展していった。
　ここで注目されることは，1つは③にあるようにいじめ対策は社会秩序を守ることに通じるということである。さらに⑤にあるように1980年代においては，日本の学校規律が正常に保たれていたことを世界が認めていた点である。ところが，日本の旧文部省は1990年代に入って，校則の廃止や緩和を数度にわたって各都道府県教育委員会に指示し，生徒指導における非管理的態勢を強く打ち出していったのである。その結果1990年代以降は，アメリカとは逆に我が国の方が学校規律が乱れて，いじめや不登校の問題が大きくなってしまったのである。

(2) いじめの発生

　いじめは，暴力，麻薬，教師に反抗などと同一次元の悪徳非行行為であり，学校の生徒規律指導面からみても，最重要の課題として捉えられなければならない。したがって，いじめの加害者に対しては，その理由のいかんにかかわらず，ゼロ・トレランス方式で措置されるべきである。一方，いじめ被害者に対して

は，学校は万全を期していじめから彼らを守る方策を，しっかりと確立させておかなければならない。

　いじめを防止するためには，いじめる者およびいじめられる者の人格像をあらかじめよく認識しておいて，そのそれぞれに対する防止策が的確に考えられなければならない。我が国においては，いじめの発見はきわめて困難である，などの観念的な議論が先行して，具体的ないじめ加害者やいじめ被害者の人格像やいじめ防止策の具体的な議論にまで至っていない。このような状況を打開すべく，緊急に具体策が実証的に研究され，それが実践されていかなければならない。

(3) いじめ対策を考えるために
　いじめの加害者像および被害者像をあらかじめ的確に把握していることが重要である。このようないじめにかかわる人格像については，D.オルウェズをはじめアメリカにおける各大学や各種の研究機関などが，丹念な研究調査を積み重ねてきて，多くの報告書が発表されている。これらの研究調査を総合すると，いじめの加害者像および被害者像は，おおよそ次のようにまとめることができる（加藤，2009b）。

　いじめ加害者像
　①攻撃的な性格を持ち，未熟な思考形態をもつ
　②激情に走りやすく，しかも身体的に強健
　③いじめを経験した者は，将来犯罪者になる可能性が非常に高い
　④権力意識を楽しむ傾向が強く，自己主張が強い
　⑤家庭環境が悪く，親の虐待を受けたり放任されたりした傾向が強い
　⑥父母は子どもたちについて無知で，極端な規律に走りやすい
　⑦家庭におけるあまりにも少ない愛情と，あまりにも多い自由をもつ
　いじめ被害者像
　①いじめにあったとき，明確な拒否や報復や反撃の態度を示さない
　②被害者は，周囲の人が自分をいじめるという思い込みが強い
　③いじめられたとき，父母や教師に告げることを躊躇する

④いじめの場所を離れるとか逃げるという行動をとらない
⑤いじめられたらやり返す勇気ではなく,教師や親に告げる"勇気"に欠ける
⑥いじめられてそのまま自分で悩んだり苦しんだりして自分で何も行動しない
⑦いじめ被害の妄想が強く,自分のとるべき行動に対する自己責任性の意識に欠ける

このようないじめ加害者および被害者像をよく認識していて,このような生徒に対しては,あらかじめ日常的に指導的な立場からいじめ加害者,被害者を予測してきめ細かい配慮をもって指導的な接触が必要である。

アメリカにおけるいじめ対策法

アメリカにおいては,ほとんどの州でいじめ防止法が作られている。この法律(条例)のもとに各教育委員会は"いじめ対策要綱(Model Anti-Bulling Policy)"を作り,管内の学校に指示している。いじめ対策で最も重要なことは,

①一般生徒(いじめ被害者を含む)に対しては,いじめられない行動ができるような指導を幼少時からきめ細かく行い,そして"いじめられない方法"を習い性となるように身につけさせる。
②いじめをしないという道徳的な規範意識の醸成(品性教育)が重要である。
③いじめた者は厳しく罰せられるべきで,彼らに対してはノーイクスキュース(言い訳なし)による規律違反に対する自己責任の重要性を認識させる。

このような原理に基づくアメリカにおける具体的ないじめ対策の実践法の例を以下に示す。

(1) EXIT(立ち去る)法—いじめられないために
　この方法は,UCLA(カリフォルニア大学ロサンジェルス校)附属小学校

で研究開発され，全米で広く実践されている方法である。この方法の１つは，COOL TOOLS（冷静さを保つ道具）法の訓練を行う。さらには，"いじめが起こるということは，いじめられなければ成立しない"という原理に基づき，次のようないじめられないための"逃げる（exit）"の学習を行う。

　①いじめから逃げることは，"敗者"であるという考えを捨てさせる
　② Exit early, Exist elsewhere（すばやく脱出し，どこか別の場所に行け）
　③大人に介入してもらう（いじめられたとき，見たときにはすぐに教師や父母に告げる）
　④真の勇気（逃げること，大人に告げること）を身につける

　オルウエズは，この学習方法は，幼稚園から小学校低学年において学習させればほぼ100％の効果があり，小学校高学年や中学校に至るとその効果が薄れるという報告をしている。したがって，いじめを克服するための学習は幼少期から行われるべきである（加藤，2009b）。

(2) Peace Builder（平和構築者）法—品性の向上
　これは，品性教育の一環として善き人格形成を行い，いじめを克服するという方法である。いろいろな人格的な徳性を身につけるように指導するが，次の６徳目を特に強調する。

　①人を褒めること
　②人をやっつけることをやめること
　③賢い人を探し，それを見習うこと
　④他の人が傷ついていることに気づくこと
　⑤悪いことを正すこと
　⑥他の人を助けること

　このように道徳的な規範意識を高め，根本的にいじめをなくしていこうとする方法である。

(3) D. オルウエズ法―いじめの認識とその対策

　D. オルウエズの指導法は，いじめ防止にかかわるポスターを作成し，これを教室をはじめ校内にくまなく掲示する。そのポスターの1つは「いじめの卑劣さ」を訴えるものであり，いじめの悪質さを徹底的に知らせようとする。もう1つは「いじめを見たらその場ですぐに対処する」というというものである。

　その内容は，

　　a. いじめ行為をやめよう，
　　b. 被害者を助けよう，
　　c. いじめ行為を見逃さない，
　　d. すぐに処罰をしよう，
　　e. いじめをみたら調停するよう勇気を出そう，

である。

　この方法を採用しているジョージア州，クリークランド中学校では，さらに加えて，いじめ対策プログラムを学校レベル，教室レベル，個人レベルでの内容を細かく作り，いじめ対策を実施している。

我が国のいじめ対策を考える

(1) 我が国のいじめ対策への反省

　昭和50年代以降の我が国の学校規律の乱れに対して，旧文部省は平成のはじめから"校則の緩和や見直し"を指示して，生徒指導法の改善を図って，その解決を目指した。しかし現実には学校規律が一層乱れてしまったのである。その結果平成6年ごろからは"いじめと不登校"の問題が，大きな社会問題にまで発展してきた。このような状況のもとに，旧文部省は，国内や諸外国のいじめに関する実態などについて膨大な調査を行ってきた。しかし，これらの研究調査をもとにして，具体的で有効な実践的いじめ対策法については，なんらの方策も提示してこなかった。

　強いて指示したことといえば，いじめ加害者に対しては，罰を与えたとしても「心理的な孤立感・疎外感を与えないように，……」と，いじめ加害者に対する指導的配慮を強調した。また，いじめを受けた生徒に対しては，「親身な教

育相談を一層充実するため，……」というように，カウンセリング方式による心のケアを重視する方法を提示するだけであった。

とにかく，いじめ対策については，アメリカの例にあるような合理的で実効的な強力な対策の提示は一切行われてこなかった。生徒指導やいじめ対策については，従来からの非管理的非指示的な指導観から一歩も抜け出すことができないできているのが現状である。

(2) 我が国のいじめ対策は今後どのように行っていくべきか

我が国においては，いじめの統計や，いじめの悲惨さや，カウンセリングで対処するなどのことはよく研究されてはきたが，学校現場における具体的な"いじめ対策"については，何らの対応も示されてはいない。

今後は具体的ないじめ対策の重要性を認識して，アメリカが先行している方策から学び，次のような方策が採られなければならないことを提言する。

① 文部科学省や各教育委員会は，的確ないじめ対策要綱を作り，教育行政自らの責任で学校に具体的指導法を指示し，その実施についてしっかりと監督する。いじめが起こったときは，教育行政自らの責任を自覚し，学校の対応の悪さとか教師の指導力不足などといって，批判的傍観的立場に回らない。
② 各学校は，しっかりとした指導理念を確立し，学校規律を正し規範意識を醸成し，いじめをなくすように努力して，大多数の善良な生徒の良い学習環境を守ることの重要性を強く認識する。
③ 各学校は，いじめ対策要綱を作り細かい指導法を明示し，日常的に"いじめ対処学習"をきめ細かく行う。これを父母，コミュニティにも周知させる。
④ 校長をはじめ教職員は，いじめ対策要綱に基づいてその効果を上げるために，教職員は真に勇気ある指導を行い，教職員一人ひとりの責任を自覚する。
⑤ いじめ加害者像をあらかじめ把握して，彼らの規律指導に万全を期さなければならない。いじめをした者に対しては，学校が責任を持って，その理

由のいかんにかかわらず迅速な指導措置を行う。
⑥一人〜数人の少数であってもいじめ加害者の指導ができないときには，その学校の規律は乱れいじめは克服できない。このことを全教職員はしっかりと認識する（割れ窓の理論）。
⑦いじめ被害者像をあらかじめ把握して，彼らの安全のためにつねに万全の注意を払っていなければならない。いじめられた者に対しては総力をあげて徹底的な保護と援助を行う。
⑧いじめ問題の解決に当たっては，学校は自らの責任で指導し措置するべきである。どうしても学校の力だけで解決できないとき，あるいは指導上必要を要する場合は，心理や精神医学や法務や警察関係と緊密に連絡をとり，措置していかなければならない。父母や生徒の協力を求めたりすることは良いが，安易に外部カウンセラーなどに全面的に委任したりする態勢は良くない。

加藤十八（元愛知県立高等学校長，中京女子大学名誉教授）

【文献】

加藤十八　1996　アメリカ教育のルネッサンス―進歩主義教育の破綻とアメリカ2000教育戦略　学事出版

加藤十八　2009a　生徒指導の実践―ゼロトレランスが学校規律を正す―　市川千秋（監修）　宇田光・八並光俊・西口利文（編）　臨床生徒指導 理論編　ナカニシヤ出版

加藤十八　2009b　いじめ栄えて国亡ぶ　幸福の科学出版

5

いじめ・学級崩壊防止プログラムの実際

はじめに

　教室の中で，ものがよくなくなる。悪口が飛びかったり，ケンカしたりするなどが頻発する。そして，やがて問題行動がエスカレートしていき，学級は崩壊の危機に見舞われる。このような学級において，どのような手立てを講じていけばよいのか。本章では，4段階からなるプログラムを設定して，そのプログラムを実施することにより，学級内のより良い人間関係を取り戻し，いじめの起きない学級を創造することができた中学校での実践例について報告する。

いじめ・学級崩壊防止プログラム設定

　学級が崩壊の危機にあるとき，学級内の温かい人間関係づくりや，対処能力のある（いわば体力のある）クラスづくりを何より優先させて行うべきである。そこで，以下の4段階からなる，いじめ・学級崩壊防止プログラムを設定した。
　1段階　生徒の心理状態がどのようなものかを把握するためのアセスメントを行う。
　2段階　生徒の心理的な安定を回復するため，抱いている嫌な思いを取り除き，温かくよい雰囲気作りを行う。
　3段階　学級で生徒同士が協力して取り組んだり，困ったときに助け合ったりできるような仲間づくりのために，小集団での活動を重視し，助け合い，協力し合う経験を授業で体験させる。さらに，バズ班で生徒たちが協力して解決するべき学習課題を明確にし，学習への見通しと学習意欲を高め，学力の向上につなげる。

4段階 いじめを予防し，いじめを引き起こさない生徒グループと，それ以外の生徒グループの間に境界線を引く。これは家族療法でいう世代間境界を明らかにし，世代間連合を強めるという考え方をもとにして生みだされた方法である（市川，2001）。学級内に境界線を引くことで，教師と連合した指導性のある生徒とそうでない生徒を明確にして，いじめられた生徒がどの生徒グループに相談すればいいのか，どの生徒グループがいじめを起こさせないような力をもっているのか，その役割を学級内で明確にすることによって，いじめ防止につなげることができると考えた。

4段階のプログラムの実施と結果

(1) S-HTP法による生徒のアセスメント

　いじめなどで生徒たちが抱えていると思われる心理的問題を一人ひとり把握する目的のために実施した。生徒の性格や行動特徴と，生徒を取り巻く環境との関係性をとらえるアセスメントとしてS-HTP法（三上，1995）を用いた。1枚の画用紙に描くことで時間がかからず，集団での実施が行いやすい。また，ある程度の制約が設けられているため，生徒が取り組みやすい。3つの項目（家・木・人）を自由に関連付けて好きな絵が描けるので，心理的負担も少ない。通常鉛筆を用いているが，ここではクレヨンを用いた。精巧さ，正確さが要求されず，どんな状況にある生徒でも抵抗が少なく取り組みやすいと考えたためである。

　手順　1枚の画用紙（230mm × 300mm）に「家と木と人」を入れて，何でも自由に好きな絵を描かせた。12色のクレヨンを使用させた。

　教示　「家と木と人を入れて，何でも自由に好きな絵を描いて下さい。絵の上手下手は関係がありません。自分の思うように自由に描いて下さい。」

　アセスメントの結果，特に心理的な問題のみられる生徒は見いだされなかった。

(2)「ペア・お絵描きタイム」の取り組み

　ステンドグラスを作る要領を参考にして「ペア・お絵描きタイム」を取り入

れた。いじめが起きた教室の生徒間でできあがっている，いじめを引き起こす否定的な悪循環交流からなる生徒間の関係性を崩すねらいをもっている。そのねらいは，いじめられた側の生徒が明るくなり元気を出せるような，また，いじめた側の生徒が素直に謝り，素直になれる関係性を教室で生み出せるように，いったん教室内の既成の人間関係を崩し，そしてその後，新しい人間関係を再度蘇らせるための試みである。なお，「ペア・お絵描きタイム」は，言葉を交わさなくてもペアで一緒に作業ができる方法であり，取り組む中で「相手と交流し合う」という要素が含まれる。そのため，仲間作りの第一歩として有効な方法である。また，一人では絵を描くことができない生徒や，学力の低い生徒も，他の生徒と比較されることなく，精神的に自由な気持ちで取りくむことができる。まず「あまり話していない子とも話してみよう」，「誰とでも仲良く話そう」と生徒たちに伝えた。そして「ペア・お絵描きタイム」と命名して道徳の時間で取り組ませた。そして，先述のねらいのとおりに，いじめ，いじめられる関係から，生徒たちが開放されることを期待した。

　手順　くじで2人組を作り，1枚の画用紙（230mm × 300mm）に2人が好きな色のクレヨンで直線，曲線，ジグザグ線を自由に交互に引くように求めた。その後，線で囲まれた空間ごとに好きな色のクレヨンを用いて，ステンドグラスを作るように，2人がそれぞれ自由に彩色するように指示した。12色のクレヨンを使用させた。彩色後に感想を書かせた。作成された絵は教室の後ろに掲示した。

　教示　「2人のそれぞれが好きな色のクレヨンを持ってください。画用紙に，2人で順番に好きな色のクレヨンで線を引いていきましょう。直線やジグザグ線，曲線でもよいです。この画用紙の中は，2人の世界です。線で囲まれた空間，マス目に色を塗っていき2人の世界を作ってください。2人ですてきな絵画を完成させましょう。」

ほぼ全員の生徒が「とても楽しかった」という感想を述べていた。ステンドグラスの作り方を参考にした「ペア・お絵描きタイム」の取り組みは，生徒が幼稚園や幼少期に戻ったように思われる体験を与えていることがわかった。この年齢退行体験は，幼い頃の楽しい体験を思い出させるもので，生徒の心理的な開放をもたらしたものと考えられる。さらにこの取り組みは，生徒間での心

図1 教室に掲示された，ペアで取り組んで作成された絵

の交流を覚醒させ，相手への思いやりを芽生えさせる効果をもたらしたと思われる。取り組んだ相手の生徒の作品を大切にする様子も見られた。作成された絵は教室の後ろの掲示版に掲示した（図1）。教室に掲示すると教室がとても明るくなり，絵を見ながら生徒たちが楽しそうに話す光景がよく見られた。生徒たちがこの絵を大切に思っていることがうかがわれた。

(3) バズ協同学習の導入

　授業改善のために「バズ協同学習」(注1)を国語教科の時間に取り入れた（塩田・横田，1981）。学級の中に少人数のバズグループを作り「教える」「教えられる」（市川，1989）という場を設定することは，教科内容の学習のみならず，人間関係を高めることにつながる。さらに授業で取り組む課題を準備課題・中心課題・確認課題に分けて明確にし，課題解決に対するフィードバックの方法を具体化させ，目標と評価の一体化を図ることにより学力向上を目指した。授業の目標は，①文法の理解，②積極的な班での話し合い，であった。いじめに巻き込まれ，自己達成感・自己効力感が低く，対人関係をうまくつくれない生徒が見られる中で，バズ協同学習の導入は学級内の生徒の人間関係を豊かにさせ，かつ学習意欲を高める有効な方法であると考えたのである。

　手続き　バズ協同学習の導入は，5月から翌年の1月までの8ヶ月間，国語教科で行った。具体的には文法教材の指導過程において，学習課題を準

（注1）全国バズ学習研究会の発展的解消，協同学習研究会の設立，協同教育学会の設立等の動きを受け，バズ学習を，私たちは「バズ協同学習」と呼んでいる。

備・中心・確認課題の3つに分けた。中心過程でバズセッションを取り入れ，中心課題を話し合いで行った。学業成績に関する事前テスト・事後テスト・把持テストを実施して，一斉学習条件からなる統制学級との間で結果を比較した。また10項目からなる参加度調査を実施し，両学級間で比較した。調査項目は，授業の目標①，②は達成できたか，うちとけて学習できたか，よくわかったか，楽しくできたか，ためになったか，仲間は親切だったか，先生は親切だったか，わかりやすく教えてくれたか，一生懸命取り組んだか，などであった（表1）。

文法教材課題での学業成績の結果をみてみる。実験条件としてのバズ協同学習条件と統制条件としての一斉学習条件の結果を比較した。事前テストでは，一斉学習条件（平均4.86，標準偏差2.06）でバズ協同学習条件（平均4.45，標準偏差2.13）よりも高い傾向がみられた。だが，事後テストおよび把持テストでは，その傾向が逆転し，バズ協同学習条件の方が一斉学習条件よりも高い傾向が見られた。事後テストでは，バズ協同学習条件（平均6.86，標準偏差1.73），一斉学習条件（平均6.64，標準偏差2.08），把持テストでは，バズ協同学習条件（平均8.07，標準偏差1.71），一斉学習条件（平均7.36，標準偏差2.53）であった。しかし，いずれも有意な差は認められなかった（事後テスト df (49)，$t =$

表1　バズ協同学習条件と一斉学習条件での参加度の比較

質問	バズ協同 平均	バズ協同 SD	一斉 平均	一斉 SD	t値
①今日の授業の目標①は達成できましたか	4.45	0.83	3.85	0.82	3.07**
②今日の授業の目標②は達成できましたか	4.52	0.83	3.62	1.06	3.53**
③今日の授業は楽しくできましたか	4.72	0.53	4.11	1.05	2.79**
④今日の授業はうちとけた気持ちで学習できましたか	4.17	0.60	3.70	0.87	2.36*
⑤今日の授業の内容はよく分かりましたか	4.28	0.88	3.92	0.81	1.53
⑥今日の授業はためになったと思いますか	4.48	0.83	4.15	0.82	1.52
⑦今日の授業で班（クラス）の仲間は親切でしたか	4.31	0.93	3.59	1.15	2.57*
⑧今日の授業で先生は親切でしたか	4.76	0.51	4.12	0.91	3.28**
⑨今日の授業で先生は分かりやすく教えてくれましたか	4.62	0.82	4.15	0.77	2.22*
⑩今日の授業は一生懸命取り組みましたか	4.72	0.53	4.15	0.77	3.29**

*$p<.05$, **$p<.01$

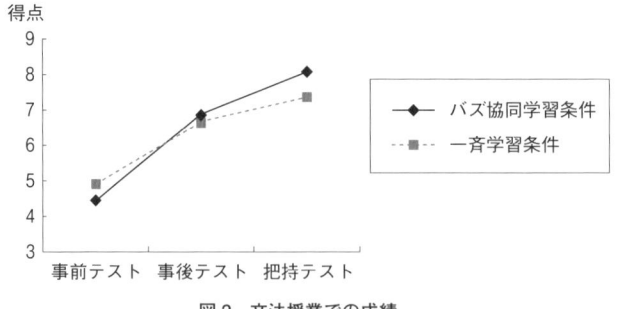

図2 文法授業での成績

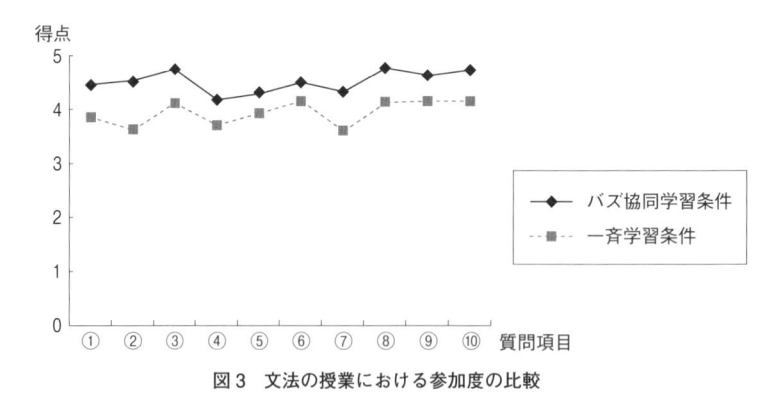

図3 文法の授業における参加度の比較

0.43,把持テスト df (49) $t = 1.24$)(図2)。

　参加度の結果を見ると,バズ協同学習条件における参加度が,一斉学習条件よりも,10項目のうち8項目で1％並びに5％水準で有意差が認められ,一貫して高い傾向が見られた(図3,表1)。

　バズ協同学習条件では,授業中,集中度が高く,落ちついた授業態度がみられた。また,総合的な学習の時間においても,話し合いを上手に進める態度がみられ,他方,一斉学習条件では教師の指導時間や課題の取り組み時間に関して,バズ協同学習条件よりも多くを必要とした。

(4) いじめ防止のための班長会議の導入

　いじめが起きないような予防態勢をつくるため,バズ協同学習の5名の班長を成員とするいじめ防止班を作った。そして,一般の生徒とは別に班長会議を

開催した。班長会議には担任も参加した。5名の班長を学級の問題に責任を持つ生徒として他の生徒たちよりも上位に位置づけた。

手順 班長会議は，月2回，朝の会で10分間，計8回実施した。班長会議における教師の指示は「あなたたちは班長として，学級や班で起こった問題をこの班長会議で出してください（あるいは，クラスで良かったことを順に話してください）。この場で出された内容は班長だけが知っていることとして，他のところでは話さないようにしてください」とした。

班で話し合いをさせることで班長に責任感や班長としての自覚が芽生えた。そして，班の体制がしっかりしたものとなり学級内に秩序が生まれ，対立がなくなっていった。班長たちのグループがいじめを起こさない合理的な抑止影響力をもち始め，学級の中に秩序が生まれてきた。また，学級の中にお互いを思いやる雰囲気が生まれ，ケンカも減っていった。班長になった生徒の中には悪態をついたり，問題行動をするものもいて，当初教師は困惑したが，班での取り組みが進むにつれて，この生徒が教室において指導性を発揮するように変化していったことが観察された。バズ協同学習の過程における班長による役割活動といじめ防止のための班長会議の活動が相乗効果をもたらしたとものと考えられよう。

また，学級の生徒に学級・班・友人関係について自己評価（スケーリング）により自己評定をさせた。評定の仕方は，学級・班・友人関係について最高点が10点，最低点が1点として，今の状態は何点になるかを評定させた。

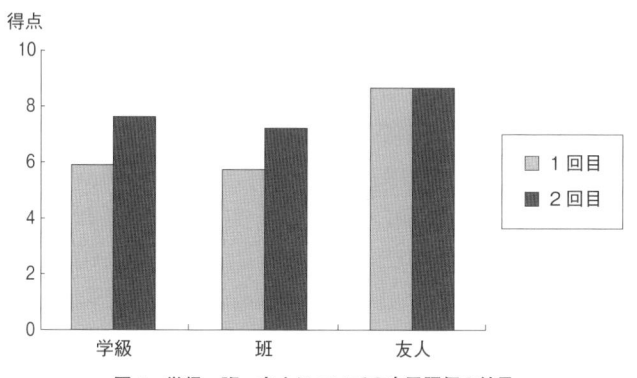

図4 学級，班，友人についての自己評価の結果

教示　「学級・班・友人関係について，最も良い状態が10点，悪い状態が1
　　　点とすると，今の状態はそれぞれ何点ですか」
　学級・班・友人関係についての自己評価を学級単位で7月と10月に行った。
その結果，平均得点の変化を比較すると友人関係についてはほとんど差はな
かった。しかし，班・学級については平均得点が上がっていた（図4）。得点の
上昇について，学級でその理由を考えさせた。

いじめ・学級崩壊防止プログラムについての考察と課題

　本実践においては，生徒の心理状態を把握するためのアセスメントを実施し
たが，さらに，いじめスケール（市川・山上，1994）や，いじめ調査項目を含
む学校生活調査（有門ら，2009）を行うとよい。また，いじめの生起に影響を
及ぼす教師の指導態度や，クラスの連帯性，雰囲気，授業目標などの状態も明
らかになれば，より詳しい個々の生徒の実態把握が可能となる。
　いじめを解決するためには，いじめを引き起こす否定的な言動の悪循環交
流からなる人間関係から抜け出す必要がある。嫌な思いや緊張・対立が起きな
いような生徒間の関係をつくることになる。「ペア・お絵描きタイム」は生徒
たちに2人で協力して絵を描かせるものであるが，感想によれば幼少期での遊
びのように受け取られている。童心に引き戻される体験をもたらしたといえる。
子ども時代の楽しい体験を再経験させ，安心して自己開示ができる状態に導き，
生徒たちに心理的安定と安心感をもたらしたものといえる。
　以上の2段階での取り組みの他に，授業過程にバズセッションによる協同学
習を導入した。いじめ・学級崩壊を起こさないためには，生徒を授業に積極的
に動機づけ，授業がまともに成立することが最低条件となる。そのための授業
改善が不可欠である。バズ協同学習の結果によれば，成績，参加度ともに向
上している。生徒が班単位で協力して学習課題に取り組み，成果を上げること
ができた。学習課題の達成を目指して，みんなで協力し合い，助け合いながら，
生徒たちによる協同学習態勢を生み出すことができたものと考えられる。
　さらに，バズ班による小集団での取り組み経験を経てから，班長たちによる
いじめ防止班長会議を導入した。この導入の意図は，いじめが起きないように

するためには，どの生徒たちが力を発揮するのか，その役割を担う生徒グループを明確化することにある。役割を担う班長たちによる班長会議という特別の場を複数回設定して，一般生徒たちと班長グループを区分した。これは，いじめを防止する役割を担う，つまり抑止力を働かせる生徒グループを設定することをねらったものである。そして教師がつねに班長会議に参加して班長グループと協同歩調をとることで，結果的に教師と班長グループが教室内でいじめ抑止力を持ち，学級での秩序や，問題が起こりにくい，いわば体力をもった学級に育つことができたと思われる。

おわりに

　取り組みを行った次年度，学級がだらけてきたとき，役員である学級4役が，自分たちで10箇条を作成した。このような学級づくりのための試みが生徒の自発的な意思から生まれたのは，バズ協同学習やいじめ防止のための班長会議の導入の成果であると考えられた。協力して話し合って自分たちで課題を解決する力が育ってきたものと解釈することができる。
　学級4役が自分たちで作成した「学級10箇条」は，次のようなものであった。

「学級10箇条」
　①あいさつをしっかりする
　②授業中は静かにする
　③ものを大切にする
　④掃除をさぼっている人がいたら注意する（注意を聞かなかったら，放課後やり直しをする）
　⑤朝の読書を静かにする
　⑥なんでも協力する
　⑦給食の台拭き・運搬・配膳は最後まで責任をもつ
　⑧給食のときみんなで「いただきます」「ごちそうさま」を言う
　⑨ロッカーをきれいに使う
　⑩机の位置をそろえる

【注】本研究における事例は、プライバシー保護のために修正が加えられている。

市川千秋（皇學館大学）

玉田尚子（皇學館大学大学院文学研究科）

【文献】

有門秀記・宇田　光・市川千秋・桜井禎子・西口利文・中川貴嗣・玉田尚子・市川哲・水野康樹　2009．学校生活調査（いじめ学級崩壊診断票）〜小学校・中学校・高校用〜未公刊

市川千秋（編）　1989．自由バズを取り入れた授業の進め方　明治図書

市川千秋　2001．ブリーフセラピーによる学級崩壊への対応　亀口憲治（編）　現代のエスプリ　No. 407　学校心理臨床と家族支援　至文堂

市川千秋・山上克俊　1994．いじめスケール　三重大学教育学部　市川千秋研究室

三上直子　1995．S-HTP法——統合型HTP法による臨床的・発達的アプローチ　誠信書房

塩田芳久・横田證眞　1981．バズ学習による授業改善　黎明書房

【参考文献】

市川千秋　1982．「復習バズ」と生徒　梶田正巳（編）　授業の教育心理学　黎明書房

コラム ❸　教育現場と児童相談所の連携

　児童相談所は児童福祉法により，全国の都道府県，政令指定都市（ならびに一部の中核市）に設置されている機関である。その職務内容は0歳から18歳未満の者を対象に必要な調査・判定を行い，必要に応じて指導や措置を行うこととなっている。扱う対象年齢が教育現場と重なる部分が多いため，職務において小・中・高等学校と連携を求められることは多い。特に社会問題となっている児童虐待の発見においては，子どもとじかに接している教育現場との連携なしには職務の遂行は困難である。しかしながら，ときとして十分に連携が図られず，双方にとって不満の残る結果となることも見受けられる。その理由にはさまざまなものが考えられるが，最も多いのは，双方の機能・専門性への理解が不十分なためである。

　児童相談所は必要に応じて子どもを一時保護することや，児童福祉施設・里親への措置をする権限を有している。この権限があるゆえ，教育現場からは「○○という子どもについて施設へ入れてほしい」という依頼を受けることがある。まず児童相談所はその場合，学校側に必ず保護者からの相談を促すことを依頼する。そして保護者から相談があった後に実際に調査を行い，家庭から児童を一時的または長期に切り離すことが適当と判断した場合において，一時保護をしたり児童福祉施設や里親へと措置したりするのである。しかし，残念なことに，ときに何かしらの問題が生じている子どもに手を焼いた教育現場によって児童相談所の権限が一種の「排除装置」として利用されることがある。だが児童相談所は先の調査結果から判断して，児童福祉の観点から在宅のままいかに健全な社会生活を送るのかという道を探っていくこともある。このとき，教育現場との意見の対立を生んでしまうのである。

　一方児童相談所の職員も，かかわりのある子どもに特別な配慮を必要と判断した際に，実情を無視した要求を伝えてしまい，ここでも学校側と意見の対立が生じてしまうことがある。

　連携とは適切な相互理解のもとに，双方の専門性がお互いを補うことにより上質なかかわりを生むものである。連携に当たっては双方の立場や実情，専門性に対する深い理解が不可欠である。

三枝将史（埼玉県所沢児童相談所）

6

ピア・リンク・ミディエーションの進め方の実際

はじめに

　ピア・リンク・ミディエーション（PLM）とは何か。ピア（peer）は「仲間」，リンク（link）は「児童」と「児童」をつなげる，ミディエーション（mediation）は，トラブルやケンカを児童が話し合って調停し，解決する方法である。その特徴は，トラブルやケンカを抱える児童間の食い違いを因果関係の視点から明らかにし，双方が納得するような解決に導くところにある（この方法のもとになる考え方は有門（2008a）を，この方法の手順の構造図は有門（2008b）を参照のこと）。
　PLMを最初から児童たちのみで実施することは難しい。そこでまず教師がモデルとなる。教師がデモンストレーションを実施して，進め方を児童にあらかじめ教えるようにしている。そのような事例のひとつを次に紹介したい。

教師によるPLMのデモンストレーション事例

　学級の引き継ぎの際，実に手の焼ける小学3年の児童（Aさん）を受け持つことになった。自分の都合のよいことしかせず，落ち着きがなく，その他諸々の逸脱行動を見せた。そんなときの4月の終わりのことであった。
　クラスの友だちのBさんとCさんとDさんが3人で，「Aさんが掃除をしないで困る」「掃除をしてほしいといくらいっても聞いてくれない」と訴えてきた。
　そこで，3人に対して「Aさんが悪い」と考えないで，もっと別の考え方，見え方ができるようにと，当事者であるAさんBさんCさんおよびDさんの了解を得てから，教師によるPLMのデモンストレーションをクラスのみんなが

見ている全体の場で行った。

黒板にやりとりを記録しながら以下のように進めた。

(1)「何がどうなったの？」クエスチョンを行う

トラブルの当事者から，何が問題になっているのかを聞いた。

教　師：どういうことが起きたのですか。
Dさん：Aさんが掃除をしないで，ゴミを散らかしました。
Cさん：Aさんは，いくら言っても一人でいて，協力しません。
Bさん：私が床を拭いているとき，Aさんがゴミを散らかしてきました。
教　師：（Aさんへ）Aさん。どうしてゴミを散らかしたのですか。
Aさん：ゴミをおいたらDさんがじゃましてきた。それで，散らかした。
教　師：（Aさんへ）じゃましたら散らかしたというのはどうしてですか。
Aさん：ゴミをおいただけなのに，Dさんがじゃましてきたから。
教　師：（Dさんへ）どうしてDさんはAさんをじゃましたの。
Dさん：じゃまをしたのではなくて，止めただけです。
教　師：（Aさんへ）止めただけと言っているよ。
Aさん：じゃまされた。
教　師：（Dさんへ）じゃまされたと言っているけど。
Dさん：またゴミを散らかすかもしれないと思って止めただけです。
教　師：（Dさんへ）どのようにしたの。いっぺんやってみて。
Dさん：こんなふうに。
教　師：（Aさんへ）どうですか，Aさん。
Aさん：そうやってじゃまされた。
Dさん：止めただけだけど，じゃましたように思えたかもしれない。
教　師：（Aさんへ）それでAさんはどう思ったの。
Aさん：ゴミをおいただけなのに，じゃましてきたから腹が立った。
教　師：（Aさんへ）それでどうしたの。
Aさん：それで散らかした。
教　師：（Aさんへ）一人になったのは？

Bさん：私が誘っても，一人でした。
教　師：（Bさんへ）どうして誘ったのですか。
Bさん：一人でいるのはかわいそうと思って。
Cさん：Bさんが「一人でいいの？　一緒にしようよ」と言っても一人でいました。
教　師：（Aさんへ）「一人でいいの？　一緒にしようよ」とBさんから言われても一人でいたのはどうしてですか。
Aさん：一人の方がいいんです。Dさんが心の中で「嫌だ」と思っているかもしれないから。それに，一緒になるとまた嫌な気持ちになるから。
教　師：（Dさんへ）Dさんが心の中で「嫌だ」と思っているかもしれないから。それに，一緒になるとまた嫌な気持ちになるとAさんは言っているよ。
Dさん：そんなふうに思っているとは知らなかった。ごめんなさい。

ここで，学級の他の児童にもわかるように，黒板に書きとった内容をもとにA，B，C，Dさんたちのトラブルを整理し，確認した。

教　師：（Aさん，Dさんへ）Aさんは掃除をしていたのだね（Aさん：うん）。ゴミを置いていたから。それがDさんにじゃまされたと思って腹が立ったんだね（Aさん：うん）。腹が立って，おいたゴミを散らかしたんだね（Aさん：うん）。そしたら，みんなが掃除のじゃまをすると思ったんだね（Aさん：うん。そうです）。Dさんは，じゃまをしたつもりはなくて，前，Aさんがゴミを散らかしたから，またゴミを散らかすと思って止めたんだね（Dさん：はい）。それがAさんにはじゃまをしたと思われてしまったんだね（Dさん：はい）。
教　師：（Aさんへ）それで，Aさんは，みんなが「ちゃんと掃除をしよう」と言うけれども，自分は掃除していたのに，でもそれでじゃまされたのに，何で嫌なことを言われなくてはいけないかと思っていたんだね（Aさん：うん）。それに，Dさんはあなたを「嫌な子」と思っ

　　　　　ていると思うし，一緒になるとまた嫌な気持ちになるから，みんな
　　　　　のところにいるより一人でいた方がいいと思ったんだね（Aさん：
　　　　　うん）。
　教　師：(Aさんへ) Bさんが「一人でいいの？　一緒にしようよ」と言って
　　　　　くれたけど，どう思う。
　Aさん：嬉しかった。
　教　師：(Aさんへ) そう。嬉しかった。本当はみんなと掃除をしたかった
　　　　　んだね（Aさん：うん）。

「ここまでのところで，まだ言い足りないことはありませんか」と聞いた。A，B，C，Dさんとも「ありません」と言う。

(2)「どうしたらいいの？」クエスチョンを行う

　お互いの言いたいことが出尽くしたら，次に「どうしたらいいの？」クエスチョンに移る。トラブルが起きないような方法を考える。

　教　師：(A，B，C，Dさんへ) 同じことが起こらないようにするにはどうし
　　　　　たらいいですか。確実にできる方法を，自分たちで考えてください。
　Dさん：Aちゃんのしていることをちゃんと見るといいと思う。
　教　師：(B，Dさんへ) B，Dさんどうですか。
　Bさん：それでいいと思う。もっとAちゃんのことをよく見て気持ちを考
　　　　　えるといいと思う。
　教　師：(Aさんへ) Aさんはどうですか。
　Aさん：もっとまじめに掃除すれば間違われずにすむ。
　教　師：この2つの方法で無理なくできますか。
　A，B，C，Dさん：はい。

(3)「観察」クエスチョンを行う

　本事例では，双方の食い違いがはっきりして，納得できる解決方法の合意もされたので，その後の経過を見守るだけでよい。だが解決に不満が残り納得で

きないときには,「観察」クエスチョンに移る。これは,周りで見ていた児童も含めて,起きたことの経過をより詳しく調べて覚えておくように依頼することである。

　以上,PLMの進め方について教師によるデモンストレーションを見てきた。起きたことの経過を学級の児童全員が把握できるようになり,納得できる解決に至っている。この事例ではそこで,教師はトラブルを起こしやすいAさんとの関係をさらに見直すきっかけとなるように,最終的には次のような確認と説明を加えた。

　教　師：(学級のみんなに) それじゃあ,ちょっと考えてみてください。出来事だけを見ていると,誰が悪いのですか。Aさんはゴミを散らかした。そして,一人でいて掃除をしなかった。
　学級の全員：Aさんが悪い。
　教　師：(学級のみんなに) それじゃあ,AさんやDさんの気持ちや思いを考えるとどうなりますか。Dさんはまたゴミを散らかすと思ったから止めた。Aさんはゴミを置いただけなのに,Dさんがじゃまをしたと思って腹が立って,散らかした。Aさんが一人でいたのは,Dさんが心の中で自分を「嫌な子」と思っていると考えたから。他の子は,「また掃除をしないでいる」と思っている。
　学級の全員：悪いともいいとも言えない。
　教　師：(学級のみんなに) そうだね。こうやって事情を聞くだけでなくて,人の気持ちも聞いていくと,どちらが悪いとか言えなくなりますね。ピア・リンク・ミディエーションでは,こうやってお互いの出来事と気持ちを聞いていくと,トラブルがどのようにして起こるのかよくわかりますね。ミディエーターの人は,このことを参考にして,トラブルの事情を丁寧に聞いて進めてください。

　このように,PLMの進め方を教師がデモンストレーションによって教え,以後,児童が自分たちでPLMを取り組むように促した。

児童たちがPLMを取り組んだ成果―事例から―

　その後クラスでトラブルが起きたとき，児童自らでPLMを自主的に行い始めた。一学期の終わりには，担任の目から見てもクラスが確かに変わったと感じられるほどになった。そこで，担任は「友だち」という題で児童に作文を書かせた。事例の1つとしてAさんの書いたものを紹介したい。
　Aさんはクラスの友だちに誤解を招く行動が多かった。だが，PLMをするようになってから，次の作文にもみられるように，変化したのである。

　これまでBちゃんとけんかをしていたけれど，今はしていません。Dちゃんともしていません。ピア・リンク・ミディエーションをしてもらい，かいけつしてもらってからはけんかをしないようになりました。

　さらに担任は，スケーリング質問を行った。スケールを作り，0点が最も悪く，10点が最もよい状態として，Aさんについてクラスでの友だちや勉強，その他のことで4月初めの頃と比べるとどれだけよい状態が伸びたかをクラスで聞いたのである。これは，よいところを探すことでAさんを励ますねらいがあった。4月ではすべての児童はAさんを4点以上にみていたが，5月では5点以上に，6月では7点以上にあがっていった。さらにAさんのよい点について児童たちがあげたのは，次の通りであった。

　5月　ちゃんとやるようになった。本読みが上手になった。よりみちをしないでかえるようになった。友だちがこけたとき，だいじょぶというようになった。先生の話をきくようになった。宿題をするようになった。べんきょうもがんばっている。
　6月　ちこくしなくなった。テストのときはできなくても答えをみないようになった。手をいっぱい上げて，すごくなった。

　このように，Aさんの勉強や友だち，その他のことでよい状態が確実に伸び，

そのことをクラスのみんなが認めるようになった。

　なぜAさんはこのように変化したのか。
　Aさんたちが何回ともなく起こしたトラブルを，友だちの児童ミディエーターが丁寧に聞き取ることで，行き違いや心のもつれを解きほぐすことができるようになったからである。PLMの実践は，トラブルの解決のみならず児童のもつよい点を，クラスのみんなで引きだす優れた効果をもっていることがわかる。しかも，トラブルやケンカが起きないような予防的な効果をもっているといえる（有門，2007b）。

ミディエーターによる聞き取り―3つのクエスチョンについて―

　PLMを進めていく際，ミディエーターは，3つのクエスチョンを段階的に用いている。これらのクエスチョンはいずれも「聞き取り」のために用いるものである。だが，解決を促す側面をももっている。

(1)「何がどうなったの？」クエスチョン
　まず，「何がどうなったの？」クエスチョンを行って，双方の言い分を聞き取り，どのようにトラブルが起こったのかを解明する。主張に食い違いがあれば，より詳しく双方から聞く。周りで見ていた児童にも聞いてみる。聞く順序は，まずAさんの言い分を聞き取ったらそれを記録しBさんのところに移動する。BさんにAさんの言ったことを伝える。そしてBさんの言い分を聞き取り，記録する。またAさんのところに移動してBさんの言い分を伝える。この繰り返しである。これは双方が食い違いを納得するまで続ける。

(2)「どうしたらいいの？」クエスチョン
　次に，食い違いが明確になった時点で「どうしたらいいの？」クエスチョンを行う。解決策がみつかり，双方が納得すれば終了となる。
　しかし双方の食い違いがはっきりせず，矛盾するところやかみ合わないところがあいまいなままで残る場合もある。そのときには，「何がどうなったの？」

クエスチョンの段階から,とりあえず,「どうしたらいいの？」クエスチョンへと段階を進めていくとよい。つまり「どうしたらいいの？」と問うことで,いったん意識を解決の方向へ進めてみるのである。そうすると,かみ合わないところがはっきりしてくる。双方の主張が依然として平行線をたどる状態の場合でも,有効な解決方法への展望が開けてくる時がよくあるからである。

(3)「観察」クエスチョン

解決方法がどうしても見つけられないときは,同じ相手とまたトラブルを起こしたときには,何がどうなって起こっているのかをはっきりさせるために,「観察」クエスチョンを行う。このことで,次回にトラブルが起きたときには,トラブルを起こした児童自身や相手の児童の行動をモニター（観察）するようにさせる。モニターをすることで,双方に何が起きたか,その因果関係をトラブルの当事者が誤解や食い違いがなくしっかりと確認し把握しておくことができる。再びトラブルが起きたときに,より詳しい情報を得ることで解決を促進することができるからである。

PLMに取り組むミディエーターの注意事項

PLMは,児童同士でトラブルの解決に取り組む。教師がそばにいて,つねに見守っているわけではない。そのため,児童ミディエーターの取るべきいくつかの注意事項を述べる。また,教師がミディエーターとなる方がよい場合も述べる。

(1) ミディエーターを選ぶ方法

児童ミディエーターは,聞き違いや言い間違いを防ぐため,複数で,2人または3人以内とするのが望ましい。すぐ決まらないときは,近くにいる友だちが行う。あらかじめ誰が行うか決めておいてもよい。トラブルをかかえる児童が調停してほしいと思うミディエーターを指名するか,トラブルをかかえる双方が合意したミディエーターを指名するとよい。

(2) トラブルをかかえる当事者同士を離すこと

児童ミディエーターは，冷静に話が聞ける状態に当事者を離して座席に着かせる必要がある。当事者である児童の席に着かせたり，相手の声が聞こえない距離に離したりする。それが出来ない場合は，相手を別教室に連れて行く。これらはいずれもトラブルをかかえる当事者間での言い合いを避けるためである。

(3) ミディエーターのとる態度について

どちらか片方の肩をもったり，どちらかが悪いという言い方やそぶりはみせない。聞くだけ，伝えるだけに徹する。なぜトラブルになったのかの因果関係やそのときの動機・思いを聞き出す。当事者が言いたいことを最後まで聞きだす。感情的な言葉や，汚い言葉を使わない。

(4) 教師がミディエーターとなるのがよい場合

教師がミディエーターを行った方がよい場合の注意点について述べておきたい（有門，2007a）。

①児童の興奮が収まらないとき。児童が興奮している場合は，教師が同席する。児童が興奮しても制止し，トラブルが再開しないようにする。
②金銭がかかわっている場合。中途半端でおえたり，いいかげんに行うとトラブルのもとになるため。
③トラブルが何回も繰り返される児童の場合には，教師が時間をかけて気長に行う必要がある。
④感情的に不安定であったり，特別に注意を要する子どもであったりする場合には教師が行う。陰湿ないじめの場合には，児童だけでの取り組みは無理な場合が多い。
⑤殴り合いでけがをしたり，ものが壊されたりするといった深刻な事態の場合。

【注】本研究における事例は，プライバシー保護のために修正が加えられている。

有門秀記（皇學館大学）

市川　哲（特別支援教育サポートセンター）

【文献】

有門秀記　2007a　子ども同士でトラブルを解消するピア・リンク・ミディエーション　月刊学校教育相談7月号　ほんの森出版

有門秀記　2007b　学級のトラブルを自分たちで解決するピア・リンク・ミディエーション法　授業づくりネットワーク8月号　学事出版

有門秀記　2008a　そうだ！ピアさんでいこう！～学級のトラブルを自分たちで解決するピア・リンク・ミディエーション法の開発と実践～　月刊生徒指導1月号　学事出版

有門秀記　2008b　聞き取りによるトラブル解決法　RMMとピア・リンク・ミディエーション in 自分とも友達ともポジティブコミュニケーション　ほんの森出版

7

情報モラル教育としての生徒指導

はじめに

　社会の高度情報化を背景として，子どもたちが，携帯電話を主とした情報通信端末を通じて，インターネットのウェブサイトやメールを利用することは，今やきわめて日常的な現象となった。例えば，Benesse 教育研究開発センター (2010) が実施した「第2回子ども生活実態基本調査」によれば，2009年における携帯電話の所持率は，小学生が26.2%，中学生が50.1%，高校生が94.8%である。このうち，携帯電話でインターネットを利用している子どもは，小学生が15.4%，中学生が45.4%，高校生が68.3%，友だちにメールを送っている子どもになると，小学生が41.7%，中学生が86.3%，高校生が90.8%である。さらには，子どもたちによるインターネットの利用は，携帯電話のみにとどまらない。パソコンをはじめ，多機能な携帯ゲーム機などのさまざまな端末を介して利用されているのは周知のとおりであろう。

　さてこうした状況に伴い，国内の学校教育の場でも，子どもたちがインターネットを利用することを前提とした，問題予防的な生徒指導の取り組みが展開されるようになってきた。文部科学省 (2008a) の学習指導要領の総則に記される，「情報モラル」を身に付けさせる指導である。情報モラルは，文部科学省 (2008b) では，「情報社会で適正な活動を行うための基になる考え方と態度」と定められている。情報通信端末が，子どもたちの生活に身近な存在である限り，今後学校で情報モラルを育むことの必要性がなくなるとは考え難い。そこで本章では，これからの生徒指導の重要なテーマであり続けると考えられる情報モラル教育に焦点をあて，子どもによるインターネットの使用環境下で生じうる問題の特徴に応じた，具体的な教育方法の例を俯瞰することにしたい。

情報モラル教育のタイプ

　昨今のインターネットの使用環境のもとで子どもたちがかかわりうる問題は，実に多岐にわたる。もっとも，問題の性質および，問題の結果として生じる影響のあり方をふまえるならば，問題を予防するための情報モラル教育の内容は，おおむね以下の5種類に分類することができる。

(1) 状況にふさわしい情報通信端末の使用
　電車の優先座席付近や病院での携帯電話の使用はもとより，情報通信端末の使用自体が，その生活空間にいる人々に影響をおよぼす事態は多い。状況に相応しい情報通信端末とのかかわり方を，まずは子どもたちに理解させる必要がある。

(2) 適度な情報通信端末の使用
　インターネットの世界は，情報収集，ゲームなどの娯楽，コミュニケーションといった活動の場として，子どもたちの生活に浸透している。適度な利用であればさておき，その面白さや利便性の虜(とりこ)になると，健全な日常生活のあり方に影響しうることについて，子どもたちに注意を呼びかけることが求められる。

(3) 氾濫する情報に対する適切な態度
　情報通信端末から送られる情報には，信頼性の低いものも含まれている。さらには総務省（2007）が挙げるような違法情報および有害情報と呼ばれるものも存在する。子どもたちが，情報の適切さを冷静に判断したり，違法情報や有害情報から身を守って適切に行動したりすることを支える指導が必要である。

(4) 思慮分別のある個人情報の発信
　インターネットの掲示板やブログなどのウェブサイトへの書き込みは，一人で情報通信端末の画面に向かって行うことから，不特定多数の人たちに見られるという意識を希薄にしやすい。特に自分にとって身近な個人情報の発信について，思慮分別をもって行うべきことを，十分に認識させる必要がある。

(5) 他者間で問題の生じないインターネット利用

世界中の人々をつなぐインターネットは，他者との間で生じる多様な問題の源泉にもなる。それゆえ，これらを予防する教育の具体的な取り組みも多岐にわたって求められる。相手が面識者か否かという観点で問題を大別できるが，実際の指導では，個々の問題の特徴に即して，個別に計画し実践する必要がある。

情報モラル教育の具体例
―愛知県教育委員会義務教育課による学習指導案―

学習指導要領の改訂を受けて，情報モラル教育の具体的な方法について，全国各地で徐々に検討されてきた。例えば，愛知県教育委員会義務教育課では，「愛知県義務教育問題研究協議会」のもとで，平成20年度（2008年度）および21年度（2009年度）の2年間にわたり，「学校と家庭でともに進める情報モラル教育の在り方」が検討された[注1]。そして，情報モラル教育を小・中学校で実践する具体的な方法として，学年別の指導計画ならびに学習指導案が示された。

本節では，学校において情報モラル教育をどのようにすすめるとよいかを考えるための具体的な手掛かりとして，愛知県義務教育問題研究協議会から提案された学習指導案について，前節で示した情報モラル教育の5種類の分類をもとに紹介したい。なお本章では，学習指導案の概要を紹介することにとどめるが，実際の学習指導案については，愛知県教育委員会義務教育課のウェブサイト（愛知県義務教育問題研究協議会，2010，本章末を参照）に掲載されているので参照されたい。

(1) 状況にふさわしい情報通信端末の使用

学習指導案1：「携帯電話の使用マナー」（小学校高学年，道徳）
時間や場所などを留意した携帯電話の使用態度を育むことをねらいとした指

(注1) 今回の執筆にあたっては，愛知県教育委員会義務教育課より，ウェブサイトの内容を紹介することについて快く承諾していただいた。記して御礼を申し上げる。

導案である。「病院や飛行機の中」「劇場，映画館，美術館」などの具体的な状況別に，携帯電話の電源を切ったり，マナーモードにしたりすることが必要かどうかを考えさせるという授業が計画されている。

(2) 適度な情報通信端末の使用
　学習指導案2：コンピュータや携帯電話の長時間使用（中学校，保健体育科）
　長時間にわたるコンピュータや携帯電話の使用が，心身におよぼす影響を扱った指導案である。コンピュータや携帯電話について，普段の使用状況を各生徒に振り返らせ，長時間の使用が心身に与える影響を考えさせた上で，今後自分が使用する際のルールを決めさせるという要領で授業が計画されている。

(3) 氾濫する情報に対する適切な態度
　学習指導案3：ウェブページやメールの真偽（小学校中学年，学級活動）
　ウェブページに書かれたさまざまな情報に関しては，きちんと真偽を判断して対応する態度の育成をねらいとした指導案である。テレビで人気の「予言者」のウェブページに，大地震の予言が示されていることを知り，その予言を知人たちにメールを送るなどして警戒を呼びかけた生徒が題材として扱われる。
　学習指導案4：フィルタリングシステム（中学校，学級活動）
　子どもたちが，ウェブページに示された違法情報や有害情報に触れることを防ぐフィルタリングシステムの機能やその必要性について理解させることを目指した指導案である。コンピュータのフィルタリングシステムを解除したときに起こりうる問題や，不適切なウェブサイトにアクセスしないための方策を考えて書き込ませるワークシートを用いた指導が計画されている。

(4) 思慮分別のある個人情報の発信
　学習指導案5：個人情報の公開（小学校高学年，学級活動）
　ウェブページやメールを通じて，個人情報を伝えることの問題について理解させることを主たるねらいとした指導案である。ウェブサイトにある掲示板を通じてやりとりを始めた人物に，携帯電話の番号とメールアドレスを教えたことがきっかけで，見知らぬ人物からの電話やメールが着信するようになった

いう事例が題材として扱われている。

(5) 他者間で問題の生じないインターネット利用
　①面識のある人物との間で起こりやすい問題の予防
　学習指導案6：メールの正しい使い方（小学校高学年，学級活動）
　　メールでのコミュニケーションは，文字情報のみによって成り立つ。このことから，送り手の不十分な表現によって，受け手は誤解を受ける可能性があることを理解させ，誤解が生じないための表現方法を，子どもたちに考えさせることをねらいとした指導案である。使用される配布資料では，「いいよ」という肯定的とも否定的ともとれる表現を題材に，メールの中の「いいよ」によって引き起こされた学校行事にまつわるトラブルの事例が扱われている。
　学習指導案7：チェーンメール（中学校，学級活動）
　　受信者の恐怖感，善意，好奇心などを悪用して，複数の知人にメールの転送を要請する，いわゆる「チェーンメール」の問題およびその対応のあり方を考えさせる指導案である。「『携帯電話会社の担当者』と称して携帯電話を攻撃するウイルスの情報転送を依頼するメール」，「『テレビ局の社員』と称してライブの情報転送を依頼するメール」などの事例に基づく指導が計画されている。
　学習指導案8：掲示板・ブログへの書き込み（中学校，道徳）
　　掲示板およびブログといったウェブページについての説明を行い，ここへの書き込みのあり方について考えさせるという指導案である。ある中学校の生徒たちが利用する掲示板のウェブページに，複数の「投稿者」によって，特定の生徒の悪口が書き込まれているという事例を扱った指導が計画されている。

　②面識のない人物との間でも起こりうる問題の予防
　学習指導案9：パスワード（小学校中学年，学級活動）
　　コンピュータや携帯電話の利用で活用されるパスワードの役割，個人のパスワードが他者に知られないための予防，他者のパスワードを知ってしまったときの対応について理解させる指導案である。ネットゲームで使っていた安易なパスワードが誰かに使われたらしいという子どもの事例を題材に取り上げ，自作の安全なパスワードを考えさせる課題の実施が計画されている。

学習指導案 10：他人の文章・画像の公開（小学校中学年，学級活動）

　インターネットのウェブページに，他者の文章・画像を無断で掲載することが，著作権および肖像権を侵害することになることを理解させ，こうした権利を守るための方法について考えさせるという指導案である。ある子どもが自分のウェブページに，友達の文章や，友達の写真を無断で掲載したことにより，トラブルが生じたという事例を扱った授業が計画されている。

学習指導案 11：インターネットで知り合った人（小学校高学年，学級活動）

　インターネットを通じて知り合いになった人物から会うことを誘われた場合には，誘いに乗らなかったり，親や教師に相談したりする，といった対処法について学ぶ指導案である。インターネット上の掲示板を通じて，「アニメのカードをあげようか？」と言ってきた人物と，駅前で待ち合わせをしたところ，知らないおじさんが声をかけてきたという事例を扱った授業が計画されている。

学習指導案 12：あやしいメール・添付ファイル（小学校高学年，学級活動）

　差出人が不明なあやしいメールや，差出人が知人の名前だが心当たりのない添付ファイルが付いているメールの危険性ならびにその対処法について理解させるための指導案である。問題視されるメールの具体例を紹介した上で，そのメールに示されたウェブサイトに無思慮にアクセスしたり，添付ファイルを展開したりする行動の結果に生じる問題を考えさせる授業が計画されている。

学習指導案 13：メル友募集サイト（中学校，学級活動）

　メル友募集のウェブサイトを利用するにあたっての注意点を理解させ，こうしたサイトで知り合った見知らぬ人物と会うことの危険性を認識させることをねらいとした指導案である。友人関係で悩むある生徒が，メル友募集サイトで知り合った人物に相談を受けていたところ，その人物から「会いたい」というメールが来たというストーリーをもとに，この状況にひそむ危険性などについて考えさせることが計画されている。

学習指導案 14：ネットショッピングの注意点（中学校，学級活動）

　ネットショッピングの概要ならびに，その利用にあたっての注意点について理解させるための指導案である。資料としてネットショッピングのウェブサイトの見本が示され，通常の店舗での買い物との対比から，ネットショッピングで注意すべきことについての理解を深めさせるかたちで授業が計画されている。

学習指導案 15：インターネットからのダウンロード（中学校，学級活動）

インターネットから情報を安易にダウンロードすることが，加害者や被害者になりうることを理解させる指導案である。フリーウェアと呼ばれる無償でダウンロード可能なプログラムであっても，その使用方法が適切でないと著作権を侵害することになることや，無思慮にデータをダウンロードすると，ウイルスやスパイウェアの影響を受ける危険があることについての指導が計画されている。

学習指導案 16：コンピュータウイルス（中学校，技術・家庭科）

コンピュータウイルスが侵入する仕組みや，それがもたらす被害，さらには予防策について理解させる指導案である。見覚えのないメールを開いたことがもとで，コンピュータに保存されていたデータが流出したという事例をもとに，セキュリティ対策が重要であることや，見知らぬメールの開封やあやしいウェブサイトへのアクセスをしないことについての指導が計画されている。

おわりに─健全なインターネットの利用者を目指して─

インターネットに関する生徒指導においては，問題予防的な生徒指導としての情報モラル教育の役割は大きい。情報通信端末が子どもの身近に存在するためという決定的な理由があるが，そのことは社会として受け入れた上で，情報モラル教育の役割が大きいことの付加的な理由を，少なくとも2点挙げることができる。ひとつは，創造的活動の機会と問題行動の機会とを隔てる境界が，インターネットの世界ではわかりにくいからという理由である。たとえば，ウェブサイトでは，子どもたち向けの科学研究や芸術活動への参加者募集や各種情報提供が見られ，個人の人格の育成に資する有意義な機会が提供されている。しかし，同じ画面上では，こうしたウェブサイトに狡猾になりすました反社会的なウェブサイトにも遭遇しうる。また，情報発信の手段として，自らウェブページを作成することは，各種の表現力を養うことにつながる。しかしこうした行為は，わずかな不注意から，自らの個人情報を広く曝したり，他者の権利を侵害したりすることにもなりうるのである。

情報モラル教育の役割が大きいことのもうひとつの理由は，インターネット

上で展開される問題的な振る舞いは，現実社会での問題よりも発見されにくいからである。しかも，インターネットという環境で展開される具体的な子どもたちの問題行動は，周囲が気付いた時点では，大事件ともいえるきわめて深刻な事態にもなる危険をはらむ。つまり，いわゆる課題解決的な生徒指導では，あまりにも遅きに失するという事態になりかねないのである。

それゆえ，最終的には一人ひとりが健全なインターネットの利用者になるしかなく，情報モラル教育がその基盤となるのである。最近では，インターネット上での興味本位の「犯行予告」や，大学入試問題を試験時間中に掲示板に投稿した問題が，社会を巻き込む事件として注目を集めた。いずれも，若者がどこにでもある情報通信端末と一般的なウェブサイトを使用した結果に生じた，取り返しのつかない事態である。こうした事実を振り返るだけでも，予防的な生徒指導としての情報モラル教育の必要性を認識するには十分だろう。

予防的な教育が機能するためには，まずは教育の担い手による，起こりうる問題についてのきわめて網羅的な把握が求められる。すなわち情報モラル教育がうまく機能するためには，教師や親を含めて大人たちが，情報通信端末についての知識や，それを用いることで生じうる問題に敏感であることが要求される。情報社会としての日進月歩の変化の時代において，情報モラル教育のあり方は，ひときわ大人たちの予防的な教育力が試される課題であるとも言ってよいだろう。

西口利文（大阪産業大学）

【文献】

愛知県義務教育問題研究協議会　2010　学校と家庭でともに進める情報モラル教育　愛知県教育委員会義務教育課〈http://www.pref.aichi.jp/kyoiku/gimukyoiku/singikai/gimukyougikai/2.htm〉(2012 年 5 月 23 日)

Benesse 教育研究開発センター　2010　第 2 回子ども生活実態基本調査報告書　ベネッセコーポレーション

文部科学省　2008a　中学校学習指導要領　東山書房

文部科学省　2008b　中学校学習指導要領解説　総則編　ぎょうせい

総務省　2007　平成 19 年版 情報通信白書　ぎょうせい

コラム ❹　少年鑑別所

　少年鑑別所は，昭和24年の少年法および少年院法の施行により発足したもので，各都道府県庁所在地など，全国で52か所に設置されており，法務省所管の施設である。

　少年が非行を犯すと，まず警察に送致される。警察では事件の内容や深刻さの度合いにより，検察庁に直接送るか，家庭裁判所に送るかを決定する。家庭裁判所に送られた場合，少年はいったん少年鑑別所に収容されるのである。収容の期間は原則として2週間であるが，特に必要のあるときは，家庭裁判所の決定により期間が延長されることもある（最長8週間）。収容期間中には，少年たちが非行に走るようになった原因や，今後どうすれば健全な少年に立ち戻れるのかを，医学・心理学・社会学・教育学などの専門的知識および技術によって明らかにしていく。その結果は，鑑別結果通知書として家庭裁判所に送付される。そして，審判や少年院・保護観察所での指導・援助に活用されていく。

　少年たちの生活は，午前7時起床，午後9時就寝まで，運動・図書貸し出し・面接・テスト・健康診断・入浴・日誌記入・自由時間（読書，ビデオ視聴，室内娯楽その他）など，時間割を決めてすごすことが求められる。少年たちは，収容されるまできわめて不規則な生活を送ってきた可能性が高いので，それを払しょくするためにも，明るく静かな環境の中で規則正しい生活を送るように仕向けられるのである。また，少年鑑別所によっては，職員が手作りの食事を提供し，食育への配慮をしているところもある。

　さらに，少年鑑別所は地域の青少年育成センター的な役割も担っている。多くは別棟に「一般外来相談」の窓口を設け，利用しやすい環境に配慮している。非行，いじめ，家庭内暴力，交友関係，引きこもり，しつけなど，子どもの問題で悩んでいる保護者や学校の教師などの相談に応じている。相談は無料であり，検査を実施した場合には実費が請求されることもある。

桜井禎子（特別支援教育サポートセンター）

8

勉強のやる気をなくした生徒への対応
―行動論的アプローチから―

はじめに

　勉強のやる気をなくした生徒に，勉強しないことについて叱りつけても，何の効果もないし，無理やり机の前に座らせても生徒は学習しない。なぜならあらゆる行動の学習には最初に動機づけ，つまりやる気が必要だからである。本来，人は，好奇心の強い動物であり，つねに環境からの情報を取捨選択し，新たなことを学習する。義務教育，高校時代において，一日の大半を過ごす学校において，部活や友人との交流も重要な要因であるが，何よりも勉強が生活の中心である以上，勉強にやる気をなくすことは，生徒本人にとってもとても辛いことである。

　知的発達障がい児に対する学習を中心に発達した応用行動分析学では，教材や指示の仕方，行動の随伴性を操作することで学習が可能となることを過去50年間，膨大な研究によって示し，いかにやる気をもたせるかについての方法論が開発されてきた。その理論的な基盤となっている行動理論では，人の行動は，唾液反射のような生体が先天的にもっているレスポンデント行動と，生体が自発的に行うオペラント行動の二つからなり，レスポンデント行動は反射を引き起こす先行刺激に制御され，オペラント行動は行動に先行する弁別刺激と行動結果に制御を受けると考える。やる気がなくなった生徒には，教室で教師に叱られたり，同級生に馬鹿にされたりといった不快な経験をしたことで，教室のあらゆるもの，例えば，机，黒板，生徒の顔や声，廊下といったものが，不快な情動を引き起こす先行刺激となり，その刺激をみるたびに不快な生理的反応を生み出すレスポンデント条件づけを形成し，さらに，教室でテストを受けたり，先生の質問に答えたりといった自発的な行動に，答えられないで恥をかいたり，

ひどい成績をとったりといった罰を受けたことで、同じ行動の頻度が低くなるオペラント条件づけも形成されたと考えられる。やる気がない生徒は、教室で勉強にまつわる不快な経験をしたことで、レスポンデント行動とオペラント行動の両方の嫌悪条件づけがなされたことになる。つまり、そういった生徒がやる気を出すためには、その形成された条件づけを消去し、教室における新しい行動レパートリーを形成する必要がある。

学習場面におけるやる気には、主に3つの動機づけが関係する。第一は、高水準の目標を達成しようとする達成的動機づけ、第二はテストや進学、進級という外的な評価を得たいという外発的動機づけ、第三は知的好奇心や自分自身の有能さを確認したいという内発的動機づけである。一連の研究から、最初に外発的動機づけをした後、内発的動機づけをし、さらに外発的動機づけに戻す手続きが最も学習に効果があると示されている。

教える側が生徒に上手に動機づけをし、生徒の理解度や能力に合わせて内容を段階的に教え、学習スピードも生徒に合わせるといったテーラーメード型の教育が導入できれば、どのような生徒に対しても勉強にやる気をもたせることは可能である。しかし、一斉授業で、教科内容も教えるスピードも制約がある現在の教育制度では、そのような教育を導入することはできず、当然落ちこぼれが出てくる。授業内容がわからず、テスト成績が悪いことで、親からも叱責を受け、同級生からも馬鹿にされるようになると、テストそのものが嫌悪の対象となる。そしてテストのことを考えないように、怠ける、他の遊びに熱中するなどして一時的な不安軽減を図る消極的回避行動をとり、勉強を避け、その結果さらに成績が悪くなり、嫌悪性が増加するという悪循環にはまることが多い。それが続くと、どうせ自分は頭が悪いから勉強をしても無駄だとか、勉強をするという努力を最初から放棄してしまう学習性無力感（learned helplessness）が形成されてしまう。

アブラムソンら（Abramson et al., 1978）は、学習性無力感をもつ人は、自分が統制できない事柄が起きたときに、その原因を内的で安定した、自分自身の能力や気質に求めやすく、自分自身を責める傾向があり、最初から努力をせずにあきらめやすいことに気がついた。しかも、やればどうにかなると考える自己効力感が低いことで、実際のパフォーマンスも下がり、失敗を重ねやすく、

すぐに絶望したり，うつ病になりやすいことがわかった。

　バンデューラ（Bundura, 1977）も，自己効力感は，人のさまざまな行動に影響し，高い自己効力感をもつ人は問題が起きれば現実的に対処し，実際に問題解決を図ることを示した。さらに自己効力感は実際の達成度にも影響があるため，否定的な自己認識は不安的な精神状態を生み，実際の失敗につながることを示した。つまり，学習性無力感が形成された生徒をやる気にさせるには，最初から勉強のやる気がなくなり，低い自己効力感をもつため，実際の達成度も低く，失敗もしやすく，それがさらに学習性無力感を生む，という悪いサイクルを消去し，新しい行動レパートリーである学習行動を形成すればよい。

　本章では，最初に行動論的アプローチの概要を説明し，次に機能的アセスメントの方法論を紹介し，最後に場合別の実践的な対応方法を挙げたい。

行動論的アプローチとは

　行動論的アプローチとは，スキナー（Skinner, 1974）の行動理論から派生した応用行動分析（Applied Behavior Analysis），行動療法（Behavior Therapy），認知療法（Cognitive Therapy），行動療法と認知療法が融合した認知行動療法（Cognitive Behavior Therapy）それぞれの方法論と技法を用いて問題解決に当たるものである。応用行動分析では，行動をA：先行刺激，B：反応，C：強化の，三項強化随伴性がどのように機能しているかを分析し，その随伴性の操作によって人の行動を変容させる手続きを行う。

　行動療法は，応用行動分析とテクニックは類似しているが，神経症や精神疾患領域にわたる不適応行動の治療に適用される。その技法のひとつに，脱感作療法がある。脱感作療法は，対象者が不安・恐怖を引き起こす刺激をクライアントと相談の上，強いものから弱いものへと配列する不安ヒエラルキーを作成し，それと並行し，患者に全身弛緩の指導を行い，全身弛緩の状態を作った上で，不安ヒエラルキーの最も弱いものから具体的にイメージさせていき，最も強い不安や恐怖を感じるイメージに対しても不安・恐怖を感じなくなる（脱感作）まで繰り返しイメージさせる方法で，その作業を，不安ヒエラルキーの刺激ごとに繰り返すのである。試験中に頭が白くなってしまうなどの，試験恐怖

表1　数学の試験成績の悪い場合の原因帰属の例

統制可能性	内的		外的	
	安定	不安定	安定	不安定
統制不能	能力：どうせ私は頭が悪い。	気分：全然勉強する気になれない。	課題の困難度：数学は難しい。	運：試験日は運が悪かった。
統制可能	持続的な努力：努力が足りなかった。	一時的な努力：数学の試験準備ができなかった。	教師への偏見：数学の先生は難しい問題ばかりだす。	他者からの日常的でない援助：隣の子がノートを貸してくれなかった。

がある生徒にはこの方法が役立つ。応用行動分析も行動療法も対象者独自の研究計画を作成し，対象者と契約を交わした上で，実施し，効果判定に単一事例研究法が用いられる。

　認知療法の基本的な考え方は，外的な出来事が感情や身体反応を直接引き起こすのではなく，そうした出来事をどのように認知するかによって身体反応や感情，行動が異なってくるというもので，精神疾患における「認知」の役割を重視する。例えば，人が問題行動をとる前に起きる自動思考とその背景にある「認知の歪み」を是正することで，問題行動自体を起こすことがなくなると考えるものである。また，失敗する原因を内的で統制不能な原因に求める人はうつ病になりやすいことから，その原因をより外的なもの，あるいは内的であっても統制可能なものに再帰属化させる手続きがある（表1参照）。

　認知行動療法は，行動を起こす認知の変容を図る認知的アプローチと，行動の生起にかかわる強化の随伴性を変え，望ましい行動へと変容していく行動的アプローチからなる。その結果，認知行動療法の基本的モデルとして，個人の体験を，出来事や，状況，対人関係などの環境要因と個人との相互作用と，認知的な個人の感情や気分と，身体的反応，行動との相互作用の二重の相互作用から生じたものとみる。

強化随伴性とは

　強化随伴性の強化には，正の強化，負の強化，正の罰，負の罰があり，正の強化とは，正の強化子を与えること，負の強化は嫌悪刺激を除去すること，正

の罰は，嫌悪刺激を与えること，負の罰は正の強化子を除去することである。強化子には，食べ物，飲み物といった生物学的に不可欠な一次性強化子と賞賛，褒め言葉や好きなことができるといった二次性強化子や社会的刺激などがある。生徒の行動変容には，できるだけ正の強化を用いるべきである。正の強化は，教師が生徒に対して「素晴らしいね」「頑張ったね」「上出来だよ」という言語的賞賛や，行動の正確さ，適切さに対して明確なフィードバックを与えるといった社会的刺激や，授業のテーマを自由にさせる，何かを達成したら表彰状を与えるといった活動性の強化子を与えるというような報酬や賞を与えることで実施できる。

　負の強化は，教室場面では，例えば，生徒が数学の宿題を忘れたので，教室に居残りをさせているときに，宿題が全部終わったら体育館でみんなと遊んでもいいと言うことである。すると，生徒は宿題を終わらせようと努力する。この場合，教室に居残るという嫌悪的事態から解放されることが負の強化となり，数学の問題を済ませることができる。

　正の罰は言葉による叱責，体罰をさし，負の罰は，生徒が望ましくない行動をしたときに，生徒の好きな活動を禁じる，例えば，クラス内での役割を外す，学外カリキュラムへの参加を取りやめるといったことが考えられる。また，これらの強化の手続きを使う場合に，最も重要なのは，即時強化の原理である。つまり，何が強化すべき行動であるか明確にするために，行動の直後に随伴させなければいけない。

シェーピングとは

　それまでに生起したことのない目標行動（標的行動）を形成するために，その目標行動に至るまでの行動を段階的にスモールステップのかたちで設定し，順次これを遂行していくことで目標行動に近づこうとする技法をさす。他の生徒よりも理解に時間がかかる生徒には，その生徒の理解に合わせたスモールステップを短期的な目標として到達させていく必要がある。また，一定の課題を正しく遂行できたときに，あらかじめ約束した条件に従ってトークンを報酬として与え，目標とする行動（オペラント行動）を強化するトークンエコノミー

法などは，毎回強化を与えることが難しい教室場面では，課題によっては有効である。

機能的アセスメントとは

　機能的アセスメントは，なぜやる気が起きないのか，何が行動の発現を妨げているのかを探ることである。最初にインタビューをし，次に行動仮説を立て，介入にあたっての変数を決定する。インタビューでは，対象者とラポール形成した後，「日頃何をして過ごすことが多いか？」「何をしていると楽しいと感じるか？」「楽しいことをしているときに一緒にいる人はいるか？」「楽しいと感じる場所はあるか？」「勉強をしているとどう感じるか？」「勉強にやる気がなくなったのはいつからか？」「好きな科目と嫌いな科目は何か？」「それはなぜか？」「何時間ぐらい机に向かうことができるか？」「自分のことをどう思うか？」などを問う。その際に，生徒が「自分は頭が悪いから，いくら勉強をしても無駄だ」「いくら勉強をしても成績が上がらない」といった発言をしたら，学習性無力感が形成されている可能性が高い。また，「集中できない」「じっとしていられない」という発言があれば，栄養の偏りや，発達障がいを疑う必要がある。また特定の教師の悪口や，「先生が嫌いだから○○科目が嫌い」といった発言があれば，科目に対する否定的な感情価が形成されていることになる。「いつも疲れている」「夜中まで起きているから朝起きられない」といった発言があれば，日常的な生活態度への介入を考える必要がある。その上でさらに家族構成，家庭環境，友人関係，クラブ活動その他の数多くの情報を収集する。このインタビューの目的は，やる気が起きる時間や場所，その場にいる人，先行事象などの情報を得るとともに，望ましい行動を形成させるための動機づけとなる変数，強化子，これまでの介入や効果などについての情報を収集することである。

　次に，インタビュー情報に基づいて，やる気が起きないことに関係する先行事象と結果事象を理解し，関係する変数について仮説を立てる。そのあと，自然な日常生活の場面で直接観察を行い，立てた仮説が正しいかどうかを検証する。操作する変数を決めた後，どのように変化させるか，最終的な目標行動

は何かを生徒に話し，同意を得たあと，その経過をモニタリングし，評価する。目標行動は，必ず具体的で客観的に記述できるものとする。

やる気がない生徒の場合の例を挙げる。①十分学習能力があるが，勉強とは拮抗するような行動，たとえばクラブ活動に従事していて，学習時間がほとんどなく，授業に取り残されているような場合，②教科を担当する教師が嫌いで，特定の科目に否定的な感情価がある場合，③机にじっと向かっていられない，長時間集中できないといったADHDなどの発達障がいの症状が見られる場合や，④学校は好きだけれど，勉強が嫌いで，学校には毎日登校し，友だちやクラブ活動も楽しくやっているが，授業中に白昼夢に浸る，騒ぐ，クラスメートとおしゃべりをするなどの問題行動がある場合。おそらくこれが教室内で最もよく見られるものの，教師がコントロールできないものであろう。さらに先に挙げた，⑤どうせ勉強してもできないからと，最初から諦めてしまう学習性無力感が形成されている場合，⑥単にやる気がない，という生活全般につねに無気力な場合など，理由は千差万別である。それぞれの場合により対応策もそれぞれ異なる。

実践的な対応方法

(1) 勉強とは拮抗するような行動が存在する場合

思春期には，学業以外のクラブ活動や，恋愛，音楽，映画などに夢中になりやすく，そのための時間が勉強よりも重要に感じられるものである。こういう場合は，低頻度の，勉強をするという行動の直後に高頻度の行動を連続させることで低頻度の行動の生起率を高めるプレマックの原理を使うのが効果的である。たとえば，クラブ活動の前に勉強をする時間を設ける，あるいは課題を終了しないとクラブ活動に参加させないとか，ある一定時間勉強をしたら音楽を聞いても良いといった，生徒本人が納得し，実行できる契約を結び，経過をモニタリングし，約束を果たしたら，言語的賞賛とともに，高頻度の行動を認める。

(2) 科目に否定的な感情価がある場合

教科に対する否定的な感情価が特定の教員により形成されてしまっている場

合は，他の科目担当教員につなげる，全く異なる文脈で，教科自体の面白さを伝える，あるいは，その科目が得意な同級生とつなげ，その同級生から教えてもらうという，ピア・トレーニングが有効だと思われる．

(3) 発達障がいの傾向が見られる場合

　発達障がいの傾向がみられる場合は，専門家による指導が不可欠である．発達障害者支援法が平成16年に施行，さらに平成20年に改定されて，「早期に支援を行うことが重要だ」とされてはいるものの，発達障がいの診断をされることなく，変わった人として扱われ，大人になってしまう場合がある．ADHDの主症状として不注意，衝動性，散漫性，多動性があり，じっとしていられない，順序良く物事を進めることができないなどの特徴がある．アスペルガー障がいには，友人を作れない，非言語的なコミュニケーションが読み取れない，言語の特異性や型にはまった行動など，また周囲と同調して振る舞うことができずに，周囲から浮いてしまったり，また教師の言葉による指示が理解できない，好き嫌いが激しいなどの特徴がある．発達障がい児には聴覚が敏感な子が多いため，集中するためにはなるべく静かな環境を整え，不適切な行動に対しても，教師は感情的に叱らずに，穏やかになぜいけないのかを説くように接した方がよい．また児童の良い部分を伸ばすために，より具体的で，短期的な目標を定め，達成したら褒めるなど，シェーピングの手続きをとることが望ましい．

　それ以外の問題行動については，以下に示す手続きが有効である．それ以前に，学習態度に問題ある場合，例えば，教師の話をきく，椅子にずっと座っている，ノートをとるなどの，行動が身についていないのならば，必要に応じて，それぞれの行動を別々にシェーピングする必要がある．

(4) 問題行動がある場合

　問題行動を減少させる方法には，おおまかに以下の方法がある．

　①分化強化

　ある特定の行動を強化する分化強化（differential reinforcement: DR）には，問題行動の出現が減少した場合に強化する低頻度行動分化強化（low-rate behavior: DRL），問題行動以外の行動に対して強化する他行動分化強化（other behavior: DRO），また問題行動と対立するような行動を強化する対立行動分化強化（incompatible behavior: DRI）の手続きがある。例えば，DRLの場合，授業中1時間のおしゃべりの回数を記録し，基準となる回数を見るベースラインをとった上で，セッション中何回おしゃべりをしたかを観察し，行動記録をとった結果，ベースラインよりも回数が少なければほめるといった正の強化を与えていく。DROは問題行動が全く見られなかったときにのみ強化が与えられ，DRIは席を立って歩くといった問題行動がある場合，10分間でも席に座って課題ができれば，強化を与える。

②消去（強化の停止）

消去とは，強化を全くあたえないことである。生徒が授業中に騒いで，教師が強く叱責したりすることがあるが，何度叱責しても生徒が騒ぐのを止めない場合，むしろ強く叱責することが生徒にとって正の強化になっていることを示す。成績が悪い生徒の場合，騒ぐことで，同級生からの注目を集めたり，先生からの注意を引くことが社会的強化になっていることがある。騒いだときは無視をして，騒ぐ行動を消去することが必要である。ただし，それ以外の望ましい行動が見られたときは，言語的な強化や活動性の強化を与えることを並行する方が効果的である。

③レスポンスコスト法，タイムアウト法

レスポンスコスト法は，与えた強化子を取り去ることで反応の出現頻度を低下させるものである。スピードを出しすぎると罰金を取られるようなものである。学習場面では，トークンシステムとペアで用いられることが多く，たとえば，授業をさぼったら，トークンを5つ取り上げるといったかたちで適用できる。

タイムアウト法は，一定の期間強化を与えないようにする罰の一種である。教室でおしゃべりをした場合に廊下に出すようなものである。

(5) 学習性無力感が形成されている場合

学習性無力感をなくすためには，最初に，不安の低減を図る現実脱感作療法を適用し，まず，学習場面における不安をなくす。次に，応用行動分析学の基本的な方法論である，シェーピングを用いて，学習課題をスモールステップの

かたちで設定し，順次遂行させることで，最終的な理解に到達させる。さらに，認知療法による原因帰属の再帰属化を図った上で，テストなどで良い成績を収める成功体験を積ませていくことで，自己効力感をあげ，努力すれば結果を出せるという確信をもたせ，学習性無力感を低減させる。テストの結果をほめるといった外発的動機づけをした後，何かしら勉強をすることは面白いと感じる科目を見つける手助けをすることで，内発的な動機づけを行い，勉強に対するやる気をもたせていくことが可能となる。

(6) 全体的なエネルギーが不足している場合

遅刻や授業中の居眠りなど，日常生活全般にやる気がみられないことが多いが，その場合，怠惰な日常生活や，栄養の偏り，運動不足などが背景にあることがある。これは行動療法により早寝早起きなどの日常生活の管理，食事や運動の記録により，規則正しい生活の形成を行うことで改善できる。いらいらしてキレやすい傾向のある生徒は低血糖症の可能性もあるので，コンビニでの菓子パンやカップ麺などの飲食が多ければ，ビタミンB群，亜鉛，鉄，ビタミンCなどが多く含まれた食材をとるように勧める。発達障がい児の中には，好き嫌いが激しく，単一のものばかり食べるなど極端な偏食傾向がみられることがある。そういった場合，バランスのとれた食行動への改善と適度な運動習慣を導入するだけで，集中力がまし，落ち着いて，やる気が起きることがある。

まとめ

応用行動分析学では，学習行動が生じない場合，生徒に問題があるのではなく，主として教える側に問題があると考える立場をとる。教材のレベルの選択，生徒がつまずく点についての教え方の工夫など，不足な点はないか，教師が自分自身の教育能力を点検することも重要であると思われる。クラスにいるだけで楽しい雰囲気で，基本的に尊敬や好意の対象である教師が面白さを伝えようと噛み砕いてわかりやすいように伝えれば，生徒は教科内容にも興味をもつはずである。なぜなら，生徒はロールモデルである教師を模倣するからである。どちらにせよ，教える側が，生徒の状況に応じて，適切な行動的アプローチを

適用すれば,やる気のない生徒にあらためて学習しようというやる気をもたせることは可能である。何事であれ,学ぶことは楽しいことであり,一生続くものであると生徒に理解させることは,学校でのテストの成績を上げることよりも重要であると思う。

田崎美弥子(東邦大学)

【文献】

Abrahamson, L., Seligman, Y., & Teasdale, M. 1978 Learned helplessness in humans: Critique and reformulation. *Abnormal Psychology*, **87**, 49-74.

Bandura, A. 1977 Self-efficacy: Toward a unifying theory of behavioral change. *Psychological Review*, **84**, 191-215.

Skinner, B. F. 1974 *About behaviorism*. New York: Alfred A. Knopf.

【参考文献】

Albert, P. A., & Troutman, A. C. 1986 *Applied behavior analysis for teachers* (2nd ed.) Bell & Howell.(佐久間 徹・谷 晋二・大野裕史(訳) 2004 初めての応用行動分析 二瓶社)

9

米国での特別支援教育提供前のプロセス
―科学的なデータをもとにした Response to Intervention（RTI）―

はじめに

　ウィスコンシン州では日本と違って，多くの公立小学校で，5，6歳の一般幼児に対する幼児クラスから教育提供を行っている．最近の傾向として，4，5歳児対象の半日クラスをも設置する小学校が増えている．一方，特別支援教育を必要とする幼児に対して，米国の公立学校は，幼児が3歳になった時点から，特別支援教育を提供している．

　特別支援教育を提供するために，それぞれの学校区では地域に住む3歳児を対象に，スクリーニングを実施する．言語療法士，作業療法士，理学療法士，特別支援教育教員，スクールサイコロジストなどがその査定を担当する．そのときに，特別支援教育が必要だという教育診断を受けた幼児は，3歳児から特別支援教育を受ける権利をもつことになる．

　ほとんどの学校区では，3歳児と4歳児を対象に，半日制の特別支援幼児クラス（Early Childhood Special Education Class）を設けている．日本の幼稚園で年小児と年中児に相当する幼児が特別支援教育を必要とする場合，ウィスコンシン州では保護者を含めた IEP チームの判断により，その幼児は特別支援幼児クラスに参加したり，療法士による個別指導を受けるために公立学校に通うことになる．年長児にあたる5歳児は，一般幼児と一緒に先述した幼児クラスに特別支援教育の提供を受けながら参加する．

　3歳の時点で，発達的な問題が顕著でなく，特別支援幼児クラスに参加してこなかった幼児は，5歳児クラスに入学以後の発達の経過によって，特別支援教育の必要性の有無を判断されることになる．この章では，幼児クラスを含め

た，小学校入学以降に特別支援教育の必要性を懸念される児童生徒に対する，米国の公立学校での対応を紹介する。

歴史的な背景

現在の米国での特別支援教育の原型となっている連邦法は，1975年に設定された。その基本法は，無料で適切な教育（Free Appropriate Education）の提供，個別教育プログラム（Individualized Education Program）の作成，排除のない環境（Zero Reject），制限が最小限に抑えられた環境（Least Restricted Environment），保護者の参加（Parental Involvement），などの基本方針を保ちながら，改正を続けられてきた（Turnbull & Turnbull, 1997）。

その後，1986年の改正では，特別支援教育の提供開始年齢を従来の6歳から3歳に下げた。また，特別支援教育の提供は1975年の時点で，身体障がい，知覚障がい，情緒障がい，学習障がい，の4分野であったのに対し，現在では15分野の範疇（はんちゅう）に細分化された（Maanum, 2001）。それぞれの州では，このような連邦法の改正に則した特別支援教育の実施ができるように，教育法を改正しながら体制を整えている。

連邦法のそれぞれの改正は，それまでの特別支援教育における懸念や疑問を，解消または改善するためになされてきた。最新の連邦法改正も，特別支援教育や一般教育の実態や政府の方針を受けるかたちで2004年に行われた。その時点での懸念のひとつに，特別支援教育を受ける児童生徒の増加がある。特に特別支援教育を受ける児童生徒の人種，家庭の経済レベルなど，グループ別での比率格差が大きく，本来の特別支援教育の意義である特別なニーズを抱えている児童生徒たちへの支援のあり方が疑問視されていた（Bender & Shores, 2007）。

特に，学習障がいの範疇で支援を受ける児童生徒が増え，従来学習障がい児を査定される際に応用されていた，能力格差モデル（Discrepancy Model: IQと学習パフォーマンスの格差を基準にして査定する方法）の正確性と信憑性に対して，多くの専門家たちが疑問を唱えるようになった。それに加え，ブッシュ大統領（当時）が2001年1月に署名をした「No Child Left Behind －（落ちこ

ぼれゼロ法）」は，データや研究に基づく教育的な措置を奨励した。

　これらの実態を受け，特別支援教育を受ける児童生徒を査定する方法は，より信憑性の高いシステムに改善する必要に迫られた。この章で紹介するRTI（Response to Intervention：介入に対する児童生徒の反応をもとにした教育査定）は，そのような時代背景を受けて定められた制度である。ウィスコンシン州では2007年からそれぞれの学校区でモデル校を指定し，この制度の実施に向け試行が始まった。その結果，2013年の12月から，公立学校はRTIのプロセスを踏むことを義務付けられることが決定した。

従来の特別支援教育提供のプロセス

　ここで，RTIが実地される以前の特別支援教育提供のプロセスと，その問題点を紹介する。

　従来のプロセスではまずPre-Referral（特別支援教育査定の前）という段階があった。このステージでは，学級担任や児童生徒に直接かかわる職員が，児童生徒の障がいに対する懸念を学校の校内委員会に報告をする。報告を受けた委員会と職員とでミーティングをもったあと，学級担任は校内委員のアドバイスを受け，一般教育の範囲で教育的な工夫を一定期間行い，データを取る。ミーティングであらかじめ定められた期間後，再度委員会で，その児童生徒に対する特別支援教育提供の必要性を話し合う。

　そこで特別支援教育提供の必要性を認識した場合，メンバーの一人が保護者に対して，教育査定の許可を得るための手紙を書く。通常はスクールサイコロジストがその役目を負う。その際，チームの懸念とデータを提示しながら，保護者に教育査定の必要性を説明する。

　保護者から教育査定に対する同意書を受け取ったあと，総合教育診断チームを結成する。スクールサイコロジストは知能などの能力，専任教師は学力や社会性，言語療法士は言語発達，理学療法士は身体の発達，作業療法士は感覚統合発達や生活に必要な能力など，それぞれのメンバーがその児童生徒の発達状態の査定をする。査定結果は保護者からの同意書が得られてから，60日以内に提出されなければならない。

査定が終了すると，保護者を含めた総合診断チーム（Multi-Disciplinary Team）が結成され，教育査定の結果と特別支援教育提供の必要性が話し合われる。支援提供の必要性に対してチームの合意が得られると，学習障がい，情緒障がい，知的障がいなど，支援の範疇が話し合われ，その範疇に則した個人別教育プログラム（IEP）のチームが結成される。その後，児童生徒の特別支援教育は，児童生徒のニーズ（困難な点）に合わせた専任教師や療法士がケースマネージャーとしての役割を担いながら提供される。

この査定のためのプロセスを使う現場からは，3つの問題点が指摘された。まず，一般教育での指導のあり方が査定に含まれず，査定以前の介入方法や学習環境の有効性が診断の対象にならない。次に，保護者の参加がPre-Referralの段階で明確にされていないため，教育診断に対する保護者の困惑が多くみられた。最後に，査定は複数の専門家がかかわってはいるが，期間を限定した一義的な査定であるために，その結果の正確性や信憑性に懸念が残った。

特に学習障がいの教育診断に使われていた能力格差モデルを用いた場合，学習を奨励されにくい環境で育っている児童生徒の多くが，学習障がいの診断結果を得た。また，逆に学習を強く奨励された環境で育った学習障がいをもった児童生徒は，特別支援教育提供の必要性を証明できるような結果が得られにくかった（Bender & Shores, 2007）。その結果多くの教育現場では，環境に起因して能力以下の学力を提示した一般の児童生徒たちは，一般教育のカリキュラムから離れて教育を受け，環境に起因して能力以上の学力を提示した学習障がいをもった児童生徒は，適切な支援を早期の段階で受けられないという状況が続いた。

このような問題点を改善するため，一般教育での研究的裏づけのある教授法の使用，多義的な教育査定の導入，成長を継続的に観察するシステムの必要性，データに基づく教育的な措置，などを唱えたRTIのプロセスが紹介された。

RTI: Response to Intervention とはなにか？

RTIとは学習や社会性などの学校生活で問題を抱えている児童生徒たちを対象とし，通常教育での教育査定と早期介入を目的とした，3段階に分かれた

特別支援教育を提供する前のプロセスである。このプロセスは，査定よりも先に介入をすることを目指している。まず，一般学級に在籍するすべての児童生徒に対して，質の高い，研究に裏づけされた教授法を適用することから介入が始まる。学習困難や環境不適応への対応は，一般学級での集団への教育環境を改善するところから始めなければならないという前提がここにある。

　次に，集団に対して効果的であるはずの教授法の下で，統一されたデータの収集方法を使いながら，児童生徒の発達を継続的に記録していくことが重要視されている。そのために，査定やデータ方法が整っている教授法を選ぶことが重要になってくる。また，「No Child Left Behind（落ちこぼれゼロ）」政策のもと，3年生から10年生（高校1年生）を対象とした，州一斉テストが全米で行われるようになった。このように，それぞれの学校区では個人の発達状況をより細かに把握できる方法を取り入れ，また，一斉テストの結果をもとに，その発達を集団と比較しながら継続的に記録できるような体制が整ってきている。

　さらに，研究成果に基づいた教授法を使った学級での指導の下，学習困難や環境への不適応を継続的にみせる児童生徒に対し，それぞれの学校では，3段階に分かれた介入システムを取り入れている。段階を進めていくに従い，介入の度合いを高めていく。各段階での介入への児童生徒の反応に対するデータをもとに，介入段階を上げていくか否かをチームの話し合いによって決めていく。介入は，段階を上がるごとに，より個人的また専門的になっていく。介入を受けている児童生徒が，最終段階である3段階目でも，期待されている目標を達成できなかった場合，特別支援教育の提供をするためのプロセスに入っていくことになる。

　この3段階の介入では，保護者に対する情報提供と，話し合いへの参加が奨励されている。このプロセスで保護者は，児童生徒の発達状況と学校側の対応を早期の段階から把握することができ，介入方法や進行への決定へ参加することができる。したがって，特別支援教育提供の必要性を示唆された時点で困惑するような状況は，従来のプロセスと比べ，かなり避けることができる。次に，RTIのそれぞれの段階を説明する。

3段階に分かれた介入システム

　それぞれの学校ではまずRTIのためのチームが結成される。チームの構成は，それぞれの学校で異なるが，一般教師代表以外に，校長などの管理職，スクールサイコジスト，特別支援教育専任教員，セラピストなどが含まれる。これらのチームメンバーと児童生徒に関わる職員や保護者でRTIは進められていく。

　RTIでは，それぞれの段階をTier（ティアー：層，段階）という言葉を使って表している。先述したように，それぞれの段階で介入方法が変化していき，段階を上がるごとに，個別性と専門性が高くなっていく。

(1) Tier 1

　Tier 1では，集団の中での研究成果に基づいた，一般的に効果があると思われる教授法が児童生徒に対して提供される。米国では，統一された教科書が基本的に存在しないため，データの収集法だけでなく，それぞれのクラスで使われる教材の種類や使用法も十分に吟味されなければならない。学習成果のデータを定期的に収集し，成果の出にくい児童生徒に対して，補助的なサポートを集団の中で提供することも許されている。

　筆者が所属するケトルモレイン学校区では，RTIの実施に備え，リーディング，ライティング，算数・数学の3教科で教材と教授法を統一するための試みが行われている。リーディングでは，コロンビア大学が開発した教授法を取り入れた。この教授法では，教材となるすべての本をレベル分けし，それぞれのレベルで教えられるスキルを特定し，そのスキルの達成度を確かめるためのテストを用意する必要がある。各学校からは教員がコロンビア大学のあるニューヨークに複数回派遣され，その教授法のノウハウが学校区で伝えられた。今は，全クラスにレベル分けされた本が並べられ，児童生徒は自分にあったレベルの本を教材にしながら，指導を受けている。また，リーディングレベルは定期的に検査され，各児童生徒のデータは収集される。

　この段階では，ケトルモレイン学校区で使われ始めたコロンビアリーディン

グプログラムのように，効果的であるはずの教授法の下で，問題を予防するための環境を整え，早期的な介入を集団指導の中で提供する。それによって，児童生徒が学習に困難をきたしたり，問題行動などの環境への不適応を見せたりする原因が，適切でない教授法や対応法によるものではないことを確認することができる。期間はそれぞれのケースで異なるが，8週間以内である程度の結果を出すことが望ましいということが言われている。

問題を提起された児童生徒のデータはチームによって検討され，現状の介入を継続するのか，それともより集中的な介入を導入するために Tier 2 の段階へ移行するのか，などの決定がなされる。

(2) **Tier 2**

Tier 2 では，集団学習で期待されていた成果を出せなかった児童生徒に対して，小グループでの学習指導が提供される。先述した1975年以来の教育改革の成果の一つとして，米国のそれぞれの公立学校には，担任教員や管理職者以外に，リーディングスペシャリスト，スクールサイコロジスト，スクールカウンセラー，特別支援教育専任教員（学習障がい，知覚障がい，情緒障がいなどを担当），セラピスト（言語療法士，作業療法士，理学療法士）や補助員が常駐するようになった。Tier2 では，このような担任以外の職員が児童生徒の指導にかかわってくる。この段階での指導はあくまでも一般クラスの担任が担当をしていくが，各児童生徒の問題点に合わせた専門家のコンサルテーションが義務づけられている（Bender & Shores, 2007）。

ここでの介入の目的は，その児童生徒がもつ問題点と，介入に対する反応や学習の成長の度合いを，明確に把握することである。そのためには，専門的な観察や分析，頻度の高いデータ収集が必要になってくる。担任教員とチームのメンバーは，Tier 1 で得たデータをもとに，その児童生徒の問題点の分析を行い，その子どもの指導方法，ターゲットになるスキル，データの収集方法，関与する職員などを特定する。この段階での介入は，その児童生徒に対する将来の教育診断にとって最も重要な段階であるため，専門職員による分析や観察，保護者の参加が必要となる（Whitten, Esteves, & Woodrow, 2009）。

多くの小学校では，学習に関する問題を抱える児童生徒には，学習障がいの

専任教師やリーディングスペシャリストが，Tier 1で得られたデータの分析や観察をし，その児童生徒に適切な指導法やデータ収集法を担任とチームにアドバイスをする。それを受けて，児童生徒は同じ科目で学習の困難をみせる児童生徒と，少数グループで指導をうける。Tier 1での介入との違いは，指導体系だけではなく，データ収集やチームでの分析の頻度が多くなる。RTIチームは，可能な限りその児童生徒の指導から得るデータをもとに，児童生徒のもつ問題点を分析し，その問題点にあった指導法をみつけるように努める。また，専門職の職員が，その過程での結果を記録していき，保護者と情報交換をしていく。

　従来の学習障がいの児童生徒に対する能力格差モデルを使った学習診断では，まず，スクールサイコロジストがその児童生徒のIQを検査し，特別支援教育専任教員が学習能力の検査をした。そして，それらの結果を比較し，IQや学習能力の数値の格差やそれぞれのカテゴリー内での数値の格差（例：算数と読書力の数値格差，動作IQと言語IQの数値格差など）を基準に診断をしていた。RTIでは，ある一定期間の指導に対する児童生徒の反応を基準とすることで，より正確で信憑性の高い教育診断ができると考えられている。知覚障がいや情緒障がいなどの他の障がいに対する診断でも，Tier 2で得られるデータは正確な教育診断をするためには非常に重要な情報となる。

　Tier 2での介入で成果の見られた児童生徒は，少数グループでの指導を継続するか，児童生徒の問題点に焦点を合わせた指導法や補足的な教材を集団指導で活用していく。そして，さらに懸念の残る児童生徒に対しては，Tier 3の介入が提供される。

(3) Tier 3

　Tier 3では，Tier 2の介入を通じてさらに集中的な指導が必要という判断を受けた児童生徒に対して，より個別的な指導を専門的なトレーニングを受けた職員から受けることになる。RTIチームは，Tier 1とTier 2の介入で得たデータをもとに，その児童生徒のさらに詳細な問題点を分析する。例えば，リーディングでも読字に対する問題なのか，内容を理解することに問題があるのかで，指導の種類が違ってくる。また，内容の理解が難しい場合でも，その児童生徒の経験から来る知識が足りないのか，認知能力に問題があるのか，あ

るいは社会性認知の問題が読解力に反映しているのかなど，問題の原因はいろいろ考えられる。RTIチームは，そのような原因を分析し，その児童生徒のもつ難しさにあった専門知識のある職員を指導の担当者として選出する。

　それぞれのケースによって異なるが，Tier 3では，頻度の高い個人別の指導とデータの収集や，保護者やチームとの情報交換が必要とされる。この段階で，ほとんどの児童生徒は，指導を受けることによって成長をみせるが，ここで話し合いの焦点とされるのは，その児童生徒に，専門的な個別指導がどの位必要であるかということである。その児童生徒が，短期間で大きな成長をみせ，その後の成長が小集団や集団での指導でも可能である，とチームで判断された場合は，一般教育での指導が続けられる。それに反して，その児童生徒のさらなる成長のためには，専門的な個別指導の継続が必要だと判断された場合，特別支援教育での指導が推薦されることになる。

　筆者もRTIチームの一員として参加しているが，今後RTIを成功させていくためには，人員の確保や介入時間のスケジューリングなど，多くの課題を解決していかなければならない。しかし，定められたプロセスを踏むことで，職員間や保護者の特別支援教育提供前の困惑や葛藤は避けることができる。さらに，一般教育と特別支援教育が協力するための法的なプロセスができることで，学習困難や環境適応の難しい児童生徒に対して，早期介入が可能となる。ウィスコンシン州では，2013年からの実施に向けて，それぞれの学校が準備を進めている。

　　　　池田　実（ウィスコンシン州ケトルモレイン学校区ダウスマン小学校)

【文献】

Bender, N. W., & Shores, C.　2007　*Response to intervention: A practical guide for every teacher*. Thousand Oaks, CA: Corwin Press.

Maanum, L. J.　2001　*The general educator's guide to special education: A resource handbook for all who work with children with special needs*. Minnetonka, MN: Peytral Publications In.c.

Turnbull, P. A., & Turnbull, R. H.　1997　*Families, professionals, and exceptionality*. Upper Saddle River, NJ: Prentice-Hall.

Whitten, E., Esteves, J. K., & Woodrow, A.　2009　*RTI success: Proven tools and strategies for schools and classrooms.* Minneapolis, MN: Free Sprit Publishing.

【参考文献】

Renaissance Learning　2009　*Making RTI work: A practical guide to using data for a successful "response to intervention" program.* Wisconsin Rapids, WI: Renaissance Learning.

コラム ❺　児童自立支援施設

　不良行為をし，あるいはするおそれのある児童や，生活指導を必要とする児童を対象とする。児童福祉法に定められた施設で，18歳未満の児童が対象となっている。児童自立支援施設は，こうした児童を入所または通所させて指導し，自立を支援することを目的としている。かつては教護院と呼ばれていたが，1998年4月から現在の名称と機能に変更された。

　一般に小規模な寮の単位で，指導員の夫妻とともに生活する。対象となる児童は，家庭的に恵まれない場合も多い。そこでこの施設では，家庭的な雰囲気の中での生活が可能となるよう配慮されてきたのである。家庭裁判所から，保護処分を受けた児童などがいる。自分のおかした犯罪行為を振り返って反省したり心の傷を癒したりだけでなく，将来に向けた職業教育なども行われる。

　児童自立支援施設は，全国に58施設あり，うち2施設が国立である。実態としては，かなり多様といわれている。例えば筆者の住む三重県津市には，三重県国児学園がある。ここでも，家庭や学校に適応できない児童が，職員と生活をともにしている。個々の児童の状態に応じて，生活指導や学習指導，職業指導や自立支援などが行われている。生活指導では，規則正しい生活を身につけるために，起床から就寝まで，1日の日課が定められている。学習指導では，通常の学校のように学習が進められる。現在では，入所児童を就学させることが，義務付けられている。そこで国児学園には，津市立の小学校や中学校の分校が併設されている形となっているのである。

　三重県のウェブページ上で動画が紹介されており，本学園の様子を知ることができる。

宇田　光（南山大学）

参考：三重県インターネット放送局〈http://www.pref.mie.jp/MOVIE/contents/273/player_nb.htm〉（2010年11月アクセス）

10

特別支援教育における IEP の実際について
―どのように IEP を作成するのか―

はじめに

　本章では，池田（2006）が考案した特別支援教育の Individualized Education Program（以下 IEP），（個別教育プログラム）について述べる。また，その中で，池田式 IEP の考え方や書き方などを紹介する。池田は，米国の公立学校に特別支援教育教員として配属され，勤務している。特別支援教育教員とは，障害児教育の免許を取得しており情緒障がい・知覚障がい・学習障がい・身体障がい・自閉症などの指導を行う教員である。

　1975 年に米国連邦法の中で『障害児教育基本法（Individuals with Disabilities Education Act; 以下 IDEA）』が策定された。IEP は，基本方針の一つとして IDEA の中で述べられている。

　IEP の作成は，特別支援教育を受ける全児童生徒に対して義務づけられている。

　IEP は，連邦法で事項が定められている。しかし，IEP の書式については各教育委員会に任されている。

　IEP は，一年間有効な公的な書類であり，IEP で設定された目標や指導法に基づいて特別支援教育の対応が実施されることになる。

IEP の作成

　IEP が児童生徒に適用されるまでに，通常学級から特別支援教育の必要のある児童生徒を段階的に精選する RTI と呼ばれる過程を経る。その際，IEP チームが結成されるが，メンバーは，保護者，学級担任，特別支援教育教員，言語

療法士，作業療法士，特別教科（体育や音楽を含む）担任，などである。そして，児童生徒の状態に基づいて，特別支援教育教員や療法士などが IEP を作成する。その作成された IEP についての適切性を IEP チーム全体で話し合い，メンバーの合意が得られた時点で最終的な IEP が，学校区や保護者に提出される。IEP の作成にかかる提出期限は決められており，保護者からの査定合意が出されてから 90 日以内に行わなければならない。

IEP に記載される内容

IEP 作成時点での査定をもとにした発達レベル，保護者の懸念や願望，通常学級での学習や個別指導での達成目標，長期・短期を含んだ年間目標，学校内や地域でのサービスの形態などが，IEP に記載される。また IEP は，3 ヶ月に 1 回（1 年に 4 回）のペースで目標を設定したそれぞれのメンバーからプログレス（達成状況）が保護者に対して報告される。その際，実際に指導にかかわった人たちからも IEP が実践された状況について進捗状況が報告される。

池田による IEP の考え方—特徴—

(1) IEP とは
IEP は，特別支援教育を必要とする児童生徒に対する教育目標とさまざまな教育カリキュラムの中でよりよく発達していくために作成されるプログラムから成り立っている。こうしたプログラムには，通常で受けるプログラムと特別支援学級で受けるプログラム，そして 2 つを含んだプログラムがある（石川・池田，2007）。

(2) 遂行するための計画
IEP は書類に書かれている計画書である。計画書とは，教育目標を達成するためのプログラムである。こうして作成された IEP は，教員の支援のもと遂行されなければならない。

(3) 実現していくためのゴール

IEPに記された目標は，1年後には達成されるべきものである。児童生徒の目標が達成されたかどうかを年間通して定期的に査定・評価をする。そしてIEPチームや保護者に報告される必要がある。目標が達成されなかった場合，その理由をIEPチームで検討し，記載する。なぜ達成できなかったのか，あるいはどのようにしたら達成できたのかなどを話し合う。その記録はすべてIEPチームや保護者に知らされる。

(4) 効果的なIEPを遂行していくための過程

IEPはつねに児童生徒に必要とされる条件や状態にあわせながら改定される。IEPが児童生徒の変化に対して適切に変化していくためには，下記の5つの循環をつくる必要がある。その過程は，次のとおりである。①児童生徒の発達段階を正確に把握する。②目標となるスキルを特定する。③スキルを段階に分ける。④スキルを習得するための教育指導援助を提供する。⑤データをもとにスキルの発達段階を正確に査定し，把握する。

(5) チーム援助でのアプローチ

IEPは，指導援助としてかかわるIEPチームで話し合われる。IEPチームでは，3ヶ月に1回のペース（1年に4回）でプログレス会議が行われている。保護者もIEPチームの一員として参加し，IEPについて理解し，IEPの内容や，実際に教育指導援助が行われているかを知る権利がある。

池田によるIEPの書き方

(1) 池田によるIEP作成のコンセプト

池田（2004）によるIEP作成のコンセプトとしては，その基礎に包括的教育援助の考えがある。まず，4種類のニーズ[注1]に分けて困難な点を査定して

[注1] 特別支援教育におけるニーズとは，児童生徒が適切な発達や学習をするのを困難にさせる個々に備わる要素を指す。すべての児童生徒はそれぞれにニーズを抱えているが，障がいをもった児童生徒のニーズは多岐に及び，それぞれのニーズが深刻で介入を要することが多い。

いく。4種類のニーズとは，行動上のニーズ，コミュニケーションニーズ，未発達なスキルのニーズ，生物学的・情緒的・医療的ニーズに分けられる。①行動上のニーズは，適切な行動を保つことの難しさや状況を読み行動の不適切さを自己修正することの難しさ，自己の感情コントロールが難しいことなどがあげられる。②コミュニケーションニーズは，情報を受け入れることが困難であり，情報を他人に提供するのが不得手，そして複雑な情報の理解や伝達が難しい，などが挙げられる。③未発達なスキルのニーズは，有効な対人関係を保っていくことが難しいことや学習スキルを習得していくことが不得手，そして生活に必要なスキルを習得していくことが不得手，などが挙げられる。④生物学的・情緒的・医療的ニーズでは，感覚の統合や協応反応などが難しいことや動機づけや他の心理面での困難がある。そして，薬物に対する副作用がある。また，健康上の問題から来る不安を処理することが難しいことなどが挙げられる。

上記の4種類からニーズを査定していくと発達障がいをかかえる児童生徒たちには複数のニーズがあることが多い。複数の児童生徒に同じ指導・支援は通用しないし，たとえ一人の児童生徒にある指導・支援が合ったとしても，その児童生徒のすべての発達段階でそれを適用できるわけではない。すなわち個々に応じた指導・支援はそれぞれ違う。よって一つのニーズだけではなく，さまざまなニーズに応じた指導・支援を提供することになる。また，さまざまな児童生徒のニーズを観察によって査定する必要がある。

その他にもクラスでの作業，標準化された心理検査，保護者からの情報をもとに発達段階を把握する必要がある。こうして得られた情報をもとに，それぞれの発達段階に必要とされるスキルを特定していくが，そのスキルは標的スキルと呼ばれる。

(2) 目標設定の仕方

まず，ニーズを克服するための目標を立てる。目標を達成するためには，どんなスキルが必要なのか，またどんなスキル段階から成り立っているかを明確に細分化する。それぞれを測定可能な目標として，設定する。

(3) 目標達成のステップ組みの仕方

目標達成のステップ組みとしては，その細分化されたスキルにあわせた内容や難易度に応じて組み立てる。また，それぞれの細分化されたスキルの目標を，評価基準として明確にしていく。各授業によっては，複数の細分化されたスキルの目標で示された作業を，同じ授業の中で行う場合がある。2年，3年先を見通した長期的な目標を心がけてスキル発達表を作成すると良い。

(4) スキル発達表の書き方

このスキル発達表とは，それぞれの細分化されたスキルでの作業内容を表示する。その後で，作業を開始した日付を記述する。支援刺激には，その作業で使われる教材を書き，作業を進める手順を示す。必要に応じて，絵や図を描いて作業を説明する。場面や状態の設定，目標の基準，目標達成の条件を含んだ目標なども記述する。最後に，作業中に指導者が提供する可能性のある支援の種類を書き，目標を達成した日を記述する。

(2)，(3)，(4) と段階を経て，スキル発達表に明記していく。図1では，算数のスキル発達表を例として取り上げているが，教科学習だけでなく行動上，コ

スキル発達表

名前：＿＿＿＿＿＿＿＿＿＿　　　　　　　　　　日付：＿＿＿＿＿＿

標的スキル：算数（引き算）＿＿＿＿＿＿

==

レベル1．引き方（引かれる数に×をつける）
開始日：＿＿＿＿＿＿＿
支援刺激：引き算プリント＿＿＿＿＿＿
手順：引かれる数に具体物を使用し、引く数分だけその具体物に×をつける。

目標：適切に具体物に×をつけ、引くことができる。

支援の種類：言語支援＿＿＿＿＿＿
達成日：＿＿＿＿＿＿＿

==

図1　算数のスキル発達表の例

ミュニケーション，未発達なスキルなどその児童生徒によってスキル発達表の枚数は増えていく。また，図1では，レベル1しか表記されていないが，本来はその子どもの実態にあわせてレベル2，レベル3と細分化していく。

(5) 日常データシートの作り方

　日常データシートとは，作業中または作業後に記入していくものである。スキル発達表によって計画された内容をどれくらい行い，どれくらい支援したのかを記入して記録していく。すなわち，日常データシートには，日付，目標スキル，内容，細分化されたスキルの目標を記入する。さらに，内容を整理してパーセントで表示する。児童生徒に対しての支援（視覚支援・言語支援など）状況や細分化されたスキルの達成状況がわかるように記録していく。この記

IEP目標についての成長レポート

児童生徒氏名＿＿＿＿＿＿＿＿＿＿　有効期間＿＿＿＿＿＿から＿＿＿＿＿＿まで

測定可能な年間目標	文字や絵などの視覚的支援を利用しA君の表出および受容言語を成長させる。下記に示された教育目標を推定の基準とする。				
測定の基準となる教育目標	日	成長のレポート	進展/不進展の理由	評価方法	コメント
(1) A君の好きな作業（水彩ぬりえ，おやつなど）時間をもつ，その過程でA君が頻繁に出す5つの要求（ジュースのおかわりなど）を三角形の紙に書かれた選択肢を選ぶ形で，自発的に8割以上の確率で口語言語を用い伝えるようにする。					

この成長レポートは通常学級で成長レポートが渡されるのと同じ頻度で両親に提出される

図2　IEP目標についての成長レポートの例

録は，次のプログラムの進行を進めていく上での指針となる。ここで表示するパーセントは，記入者によって個人差はあるが，理解度を大まかに数値化するためのものである。

(6) IEP 目標の成長レポート作成方法

それぞれのスキルに対する IEP 目標（図 2）は，特別支援教育教員や療法士が，その児童生徒のニーズやデータから得られた達成状況を考慮した上で，一定期間後（多くの場合は一年後）の発達状態を予測し，立てる。それぞれの IEP 目標の内容は，ターゲットとなるスキル（例：視覚刺激を利用した一桁の引き算），目標達成の基準（例：80％の正解率），支援内容（例：言語刺激のみ），それに達成の期日（例：3 月 31 日）を含む。

IEP 目標で提示される内容には，それぞれのスキル目標に加えて，「現在の教育発達レベル」「問題行動に対する対応プラン」「教育環境」「特別支援教育提供の条件」などがある（図 2）。その中でも，IEP 目標は，個別計画を進めていく上での最も重要な項目である。IEP 目標には，年間目標と基準となる教育目標が提示される。測定可能な年間目標は，目標ページの一番上に一年間の大きな目標を明記する。そして，測定の基準となる教育目標では，年間目標に提示された科目や分野に関連し，さらに詳細に説明された目標を提示する。その際，目標測定が可能なスキルとして提示するために基準を設け，場面や状態の設定を行う。その後，目標達成の条件を注意して明記する。

IEP の保管と活用方法

これらの作成した IEP は，特別支援教育を提供する開始時から高校を卒業もしくは 21 歳までの就学終了時まで，記録としてこの児童生徒と一緒に移動する。例えば，小学校で勤務する池田は，担当した問題行動を抱える A 児の IEP を作成した。その A 児が受けた言語検査の結果とそのときの言語療法士の見解などをみることができた。A 児の問題行動の原因を探るための参考になった。また A 児の記録からは，幼稚園にて A 児がたどってきた効果のあった教

授法や達成されてきた目標・されてこなかった目標なども知ることもできた。小学校段階での IEP 作成に参考することができた。

「測定可能な目標」とは

　IEP は，その児童生徒がみせるニーズに対する支援や指導を，どのように教育現場で提供していくかということを定めて，チームで実行していくための計画書である。そのため，児童生徒が支援を必要とされていない部分に対しては，計画を立てる必要はない。ただ，その児童生徒が学校で教育を受けていく上で必要とされる支援や，将来を含めた学習や生活に必要とされるスキルに対する教育は，すべて IEP に含まれなければならない。

　Siegel は，IEP の目標に含まれる可能性のある分野を紹介している（Siegel, 2007）。これらの分野は，学習スキル，知覚スキル，情緒的また心理的な問題，社会性や行動のスキル，語学やコミュニケーションスキル，自助または自立スキル，運動やレクリエーションに必要なスキル，職業スキル，卒業後の変転に必要なスキル，などが含まれる。IEP 目標を立てる前に，チームはまず，その児童生徒にどのような支援が必要なのか，また，より豊かな成長をするためにはどのようなスキルを身につけさせなければならないのか，を十分に話し合う必要がある。

　障害児教育基本法は，IEP の作成者に対して，Measurable Goals（計測可能な目標）を提示することを義務付けている。全分野のスキルを数量化するためには，データを取りやすくするために，観察や指導方法に工夫を施さなければならない。例えば，ズボンをはく自立スキル動作を，「バックチェーン」といわれる行動療法の教授法を用いて指導をするとしよう。まず，一連の動作の完了に近い順番から，（1）ズボンを引き上げる，（2）残った片方の足をズボンに通して立ちあがる，（3）座ってズボンに片足を通す，（4）ズボンの前を上にして床の上に置く，（5）ズボンの前後ろを認識する，などに分解し，スキル表を作成する。次に，指導に伴うデータシートを作成し，観察のたびに達成度を記録していくことで，このスキルを計測可能な目標にすることができる。

　このような手法は，他の学習スキルにも応用できる。特に算数や書字などは

スキルを分解しやすい分野である。一方、読解や作文力などはスキルを分解するのが難しい。読解力などは、いろいろなスキルが複合しているため、それぞれにレベル差はあるが、単語力、文章理解、段落からの事実把握、などに加え、書かれていない状況を推測する、事実を踏まえて予想を立てる、登場人物の心情を理解する、物語の問題点とその解決を指摘する、内容を過去の経験と関連づける、作者の意図を理解する、などのスキルに分解して目標を立てることで、それぞれのスキルに、より的確な測定可能な目標を立てることができる。

社会性や行動に関する目標を測定可能にするためには、ソーシャルスキルトレーニングなどの教授法を利用したり、行動の目標は、「課題の完了のスキル」などの適切な行動を、毎日のポイント制にしてその月平均値を目標にするなど、データ収集に工夫をしながらそれぞれの目標を測定可能にする必要がある。

効果的なIEPを作成するためには、このように、測定可能な目標を立てていくことが大切である。そのために、この章で紹介されたスキル発達表やデータ収集法は効果的である。このような手法を利用する以外にも、情報収集、専門家からのアドバイス、十分なチームのメンバー同士の話し合いも、IEPを作成するプロセスを円滑にするためには必要となる。

池田　実（ウィスコンシン州ケトルモレイン学校区ダウスマン小学校）

石川真史（三重県立特別支援学校西日野にじ学園）

【文献】

池田　実　2004　自閉症を持った子供たちへの特別支援教育―多様なニーズにこたえるための包括的プログラム―　軽度発達障害学研究, **1**(1), 1-13.

池田　実　2006　サマースクールプログラムスタッフ研修　未公刊

石川真史・池田　実　2007　特別支援教育における個別の指導計画（IEP）の作成の試み　学校カウンセリング研究, **7**, 41-53.

Siegel, M. L.　2007　*The complete IEP guide: How to advocate for your Special Ed child*（5th ed.）Berkeley, CA: Consolidated Printers.

11

イギリス・フランス・アメリカに学ぶ道徳教育
―青少年の問題行動に対処するために―

はじめに

　青少年の心の荒廃，そしてそれに伴った規範意識の低下，非行，犯罪といった兆候が，1960年代以降イギリス，フランス，アメリカにおいて顕著になり社会問題化するという現象を招来している。こうした青少年の問題は我が国においても同様に認められる現象であり，これを改善するために学校教育に期待されるところは大きいが，いまだに効果的な教育・指導をなしえているとはいいがたい状況にある。

　では，上記三国の青少年の問題行動に対する学校教育の取り組みは，どのようなものなのだろうか。本章においては三国のそうした教育の実際を通覧し，我が国の教育にとって欠落点は何か，また示唆を与える点は何かについて指摘し，それらから我が国の学校が今後とるべき方策について以下に論じていきたい。

青少年問題に道徳教育強化・充実で対処しようとするイギリス・フランス

　現在のイギリスの道徳教育を担っているのが，宗教教育と人格・社会・健康教育（personal social and health education, PSHE）と公民教育（citizenship education）である。これは児童生徒と学校教育の危機が叫ばれ，1988年以降，キリスト教を中心とする宗教教育が基本カリキュラムに明確に位置づけられるようになったのを皮切りに，後二者の教育も必修化，強化がなされ精力的に行われるようになってきている。

こうした流れの中で特に注目されるのが，1996年に設置された「教育と地域社会における価値のための全国フォーラム」（以下「全国フォーラム」）である。これは，中央政府のカリキュラム開発団体である学校カリキュラム評価機構（SCAA）が開催した「成人人生のための教育会議」でSCAA所長ニック・テート博士のスピーチに端を発する（新井，2000）。

　テート博士は近年の青少年の非行，犯罪の深刻化を取り上げ，これにはイギリス社会に蔓延した価値相対主義によって道徳的基盤が崩れてきたことに根本的な原因があるとし，価値に関する全国的同意の必要性を訴えた。これによって教師，親，理事，宗教団体，メディアなど150もの団体の代表によって構成された「全国フォーラム」が立ち上げられたのである。そして，1年余りの時間をかけて「共通の価値」が作成された。この「共通の価値」は全国的な同意が得られ，人格・社会・健康教育や公民教育に盛り込まれ教えられている。

　一方フランスにおいても青少年問題の事情は同じようである。価値の多様化によって，コレージュ（中学）やリセ（高校）での非行増大といった問題を抱えており，近年特に道徳教育を担っている市民性教育（éducation à la citoyenneté）の改善・徹底化が図られ，価値意識の共有に力が入れられるようになってきている（押谷，2007）。

　またかつてフランスでは公教育から宗教というものを完全に分離していたが，1995年に指導要綱が改訂され，コレージュやリセでフランス語の時間に聖書を読むことや宗教教養の授業が行われるようになった。もちろん宗教のモラルそのものを教えることはできないが，人間の生きる意味を各宗教がどのように説明しているのかといったことを紹介したり考えさせたりする授業などが行われるようになったのである（竹下，2002）。

生徒指導に道徳教育を導入して成果を挙げるアメリカ

　アメリカでもイギリス同様，価値相対主義によって明確な道徳的基盤を失い，青少年の規範意識の著しい崩壊状況に陥っていた。かつて60年代から80年代にかけて学校で行われていた道徳教育の授業は，「価値の明確化」やモラルディスカッションといった児童生徒の判断に任せ非指示的な手法がとられたため道

徳的な混乱が広がってしまうという結果を招いたのだった。そして，90年代頃から登場したのが，人格教育（character education）である。善悪の区別を明確に児童生徒に教え，具体的に教えるべき徳目を明確にして，それを教え実践させるという教育が，連邦政府に後押しされるかたちで推進され，現在に至っている。

　アメリカには，我が国の「道徳の時間」に相当する特設された人格教育の時間というものは存在しないが，各教科の授業をはじめとして学校の教育活動全体を通して行われている。また，学校だけではなく，親，地域のコミュニティ，企業などを巻き込んで行っているという，その徹底振りには瞠目させられる。しかも，生徒指導を行う際にも青木（2009）が紹介しているように，人格教育の視点を入れて問題行動を指導することを忘れていない。

　このように全教育活動の中に徹底した人格教育を導入することで，児童生徒の問題行動を減少させ，それに加えて学力向上も果たしている（Lickona, 2004）というアメリカの取り組みは，我が国の教育にも大いなる示唆を与えてくれるものといえるだろう。

効果が挙げられる道徳教育の改善策

　青少年の問題行動に対して，イギリス，フランス，アメリカは価値の共通（共有）化と道徳教育の強化・充実化によって対処改善しようとしていることが分かる。特にアメリカは，上述したように著しい成果を挙げてきているようだ。これに対して我が国の道徳教育の現状はどうであろうか。改正教育基本法では「道徳心を培う」という文言が新たに加えられ，法的には道徳教育の重要性，一層の強化・充実化の必要性は確認されたものの，我が国の道徳教育は，児童生徒の問題行動に対して予防的な効果が挙げられるような水準に達していないというのが現状であろう。では，なぜそうなのか，そしてそれを今後どう改善していけばよいかを以下に取り上げ論じていきたい。

(1) 道徳教育理念の確立

　かつて戦前には教育勅語が存在し，全国民がこれを暗唱して国民共通の価値

を共有していた。現在は学習指導要領に道徳的価値が示されているが，それが全国民的な価値になっているとはいい難い。戦後まもなく，「国民実践要領」や「期待される人間像」が打ち出されたが，教員組合やマスメディアなどの反発もあって，国民的な道徳的指標にはなり得なかった。教育勅語にせよ国民実践要領にせよ，その内容は穏当なものであり，現在でも充分通用する普遍的な価値が含まれている。しかし，それらが近々日本の「共通の価値」として国民全体に共有される可能性は高くない。

　先述したイギリスの「共通の価値」も参考になろうが，我が国の実情からしてイギリスのような作成過程での実現は難しいだろう。そこで考えられるのは，アメリカで行われているように教師，親，児童生徒そして地域の人々がコンセンサスをとって学校の目指す道徳教育の理念（特定の徳目を重点目標として掲げてもいいだろう）を作り上げていくことである。

　この他にも例えば，会津若松市の「什の掟（誓い）」のように，その地域で尊重されている伝統的道徳的な教えを発掘して，それを学校教育の中で活かすというやり方もある。また，萩市の小学校では郷土の偉人吉田松陰の言葉を毎日朝の会で「朗唱」しているというが，これもよい方法であろう。そういえば，アメリカでリンカーンのゲティスバーグ演説を幼稚園児のときから暗唱させているではないか。

　学校の目指す道徳教育の理念は，作成するだけでは効果がない。つねに掲げて視覚化し，また暗唱し，教育活動の中でつねに振り返らせ，そして親も地域の人々もそれを共有して子育てに取り組めることが望ましい。

(2)「道徳の時間」で道徳的価値を伝える

　戦後「道徳の時間」特設以来，一貫して学校の教師は道徳的な価値を伝えることをためらい躊躇してきた。「価値の押し付けはいけない」ということである。旧文部省も平成10年の学習指導要領改訂時に価値の教え込みや押しつけを避ける教育に心がけることを提案している。したがって，現在でもアメリカで失敗されたとされる非指示的な授業理論による実践などが行われている始末である。

　しかし，「押し付けはいけない」というのならば，教育は成立しない。現にア

メリカは価値を押し付けなかったことを反省し，今や価値をきちんと教えることで教育の再生を果たしてきている。ボストン・カレッジ教授のW.キルパトリック（Kilpatrik, 1998）は，そうした価値を押し付けなかったアメリカ産の教育を「道徳性を希薄化」した「有害」なものとして，それを受け入れないようにと警告している。

　アメリカの人格教育では，伝記や偉人伝がよく活用され，それを通して徳目（道徳的価値）が教えられている。それは伝記や偉人伝が，具体的でわかりやすくかつリアリティをもって生き方の手本が示されているからなのだろう。学習指導要領にも「先人の伝記」による創意工夫ある指導が行われるよう「指導の配慮事項」として新たに盛り込まれるようになった。筆者はかつて中学校において，自作の「先人の伝記」資料を使って道徳の時間の授業を何度か行ったことがあるが，それらを通して道徳的な価値を伝えること，人の生き方を考えさせることの有効性を実感している[注1]。

(3) 学校の教育活動全体を通じて行う

　「学校の教育活動全体を通じて行う」とは，学習指導要領に記されている文言どおりのことだが，これが全体計画を作成し徹底して道徳教育を行っているという学校は多くない。しかし，道徳教育の成果を挙げ，児童生徒の問題行動の減少，学力向上というレベルにまでもっていくためには，アメリカが実践しているように学校が一丸となって道徳教育を推進し，親そして地域をも巻き込んで行っていくことが必要である。参考までに学校の教育活動全体を通じて行っているアメリカの人格教育の実践の一部を，トーマス・リコーナ著『「人格教育」のすべて　家庭・学校・地域社会ですすめる心の教育』（Lickona, 2004）をもとに以下紹介することにする。

　（注1）先人の伝記を用いた道徳の時間の教材と授業実践の一例として，渡邊毅『道徳の教科書―善く生きるための八十の話』（PHP研究所，2003年，301頁），同『道徳の教科書・実践編―「善く生きる」ことの大切さをどう教えるか』（PHP研究所，2007年，249頁）がある。ちなみに，産経新聞（2000年2月2日）に12歳の小学生が「〝偉人教育〟必要な歴史教育」と題して「彼ら〈偉人〉の生き方は，感動とともに，人生の指針すら与えてくれます」と書いていたことをここに紹介しておく。

標語や誓いの言葉の徹底化

　学校の人格教育の方針や徳目を盛り込んだ標語を掲示し，さまざまな機会を通じて意識させる。また，学校全体で毎月決められた徳目に関する，音楽会，演劇会などを行う。さらに，毎日クラス目標などを朝の会などで声を出して読む。

各教科での人格教育

　例えば理科では，データ収集する際の気配り，結果の正直な報告，探求のための協力について，あるいはよい科学者になるためにはどんな徳が必要かといったことが話し合われる。また，美術や音楽なら，芸術家が達人といわれるようになるまでに必要とした克己心に着眼させ指導する，といった具合である。

上級生と下級生の絆を深める活動

　上級生が下級生の勉強の面倒をみる，行事に一緒に参加するなどの取り組みによって，上級生の下級生に対する模範意識などを高める取り組みを行っている。あるいは，各学年の児童生徒で構成する模擬家族を作り，学校の集会や行事に参加することで家族的な雰囲気を作り，その連帯感が危険性の高い行為から児童生徒たちを守る力になっている。

「振り返りの時間」の実施

　毎日目標を設定し，その振り返りを行う。児童生徒は「人格記録帳」に，下校時にその振り返りを記入する。例えば「今日礼儀正しくできたことはあったか（できなかったことはあったか）」「明日礼儀正しくすべきことは何か」といったことについて記入する。

リーダーシップ育成・強化のための活動

　上級生が支援の必要な児童生徒について，学校に適応する秘訣を教えたり，学習習慣を形成する手助けをしたりする。あるいは児童生徒間のトラブルを当事者以外の児童生徒による調停で解決することで児童生徒のリーダーシップの育成・強化を図っている。

保護者・地域社会との連携

　学校の人格教育を推進する委員会に保護者の代表に参加してもらったり，親たちが人格教育の一部を教えたりできるようにカリキュラム表を作成して家庭に配布している。学校が教育している徳目に関連した表示を商店街の人たちも

店先に掲げ，会社も社内新聞の掲示板にそれを掲載する。市や町にも人格教育委員会が設置され，地域内のあらゆる団体に人格教育への参加が呼びかけられ，指導者育成が推進されている。

おわりに

　青少年の問題行動を減少させ，学力をも向上させていくためには，以上のような親，地域社会をも巻き込み，学校一丸となり徹底した道徳教育に取り組むことが必要である。実際，旧文部省指定の道徳教育推進校（中学校）は，2年間の指定の間に1，2の例外を除いて目に見えて教科の成績が向上したことが，アチーブメント・テストの結果によって明らかになっている（金井，2003）。やはり，教師が本気になって道徳教育に取り組むことが，児童生徒が安心して伸び伸びと学校生活を送れる最善最短の道になるのである。対症療法に終始してきた従来の生徒指導は見直さなければならない。問題行動を未然に防ぐ道徳教育こそが最良の生徒指導法だということを，ここに強調しておきたいと思う。

渡邊　毅（皇學館大学）

【文献】

青木多寿子　2009　品性・品格教育と生徒指導　市川千秋（監修）　宇田　光・八並光俊・西口利文（編）　臨床生徒指導 理論編　ナカニシヤ出版　pp.109-122.

新井浅浩　2000　イギリスにおけるナショナルカリキュラムと子どもの精神的・道徳的発達　比較教育学研究，**26**, 29-40.

金井　肇　2003　こうすれば心が育つ—いま，望まれる道徳教育　小学館

キルパトリック，W.　1998　米国道徳教育の失敗と新しい潮流　世界平和研究，**136**, 2-10.

Lickona, T.　2004　*Character Matters: how to help our children develop good judgment, integrity, and other essential virtues.* New York: Robin Straus Agency.（水野修次郎・望月文明（訳）2005　「人格教育」のすべて　家庭・学校・地域社会ですすめる心の教育　麗澤大学出版会）

押谷由夫　2007　フランスで行われている道徳教育　学校マネジメント，**46** (6), 20-21.

竹下節子　2002　ノートルダムとマリアンヌ—フランスの宗教教育　基督教研究，**64** (1), 73-88.

コラム ❻　少年補導センター

　青少年の健全な育成保護のために，全国の数多くの地方自治体（市町村）に設置されている組織である。警察や教育，児童福祉などの関係機関，ボランティアたちが共同して，非行少年の早期発見や非行の未然防止を図っている。具体的には，街頭補導，啓発活動，少年相談，環境浄化などを行っている。青少年補導センターと称する場合もある。

　補導という言葉は，「少年などを正しい方向にたすけ導く」（広辞苑）という意味である。市街地や駅，公園，コンビニなどを巡回して，問題のある少年を発見すれば，声かけし，助言する。町内のパトロールをして，路上で喫煙をしている少年や，家出少年を「補導」した，などという。自転車の二人乗り，盛り場の徘徊なども，補導の理由となる。このように，社会的に逸脱した行為や，発達・教育上望ましくない行為をしている子どもを，大人が指導することを，補導といってきたわけである。

　このように，補導は「悪いことをしている（しかねない）子どもを，正しい方向に導く」というイメージが強い。しかし，補導センターが行う実際の活動としては，より広く青少年の支援活動を含んでいる。例えば，電話や面接による相談や，喫煙防止教室・ネット犯罪予防講演会の開催などの，広報啓発活動である。このため，「補導」センターのほか，単に「少年センター」「青少年相談センター」「支援センター」などの名称にする地域もある。こちらは，困難な問題を抱えた青少年や保護者を支援する，相談に乗るという活動を，前面に立てているといえる。補導センターよりは，支援センターのほうが，かなりソフトな名称である（少年の就学・就労支援をする団体なども，「支援センター」を名乗る場合がある）。

　なお，内閣府ウェブページ（http://www8.cao.go.jp/youth の「身近な相談窓口」）において，センターの連絡先を見ることができる。

宇田　光（南山大学）

12

規律ある生徒指導
―生徒指導のあり方と実践―

我が国の生徒指導の反省

(1) 我が国の伝統的な生徒指導

　我が国においては元来，生徒指導法というような確たる体系的な方法論は特別には議論されてはこなかった。学校入学時には，校則を順守することを宣誓して入学し，校則に違反すれば，それに従って処罰を受けるという伝統的な方法で学校規律は保たれてきていた。

　そして日常的な一般的な規律指導やしつけ的な指導に関しては，各教師が生徒の問題行動を捉えたときには，「教師が叱る→生徒は素直に謝る→許される」というパターンが，うまく機能して，学校規律が保たれてきた。このパターンが成立した背景には，教師の権威の絶対性が社会的に認められていたことによる。

　この教師の権威に対して，生徒は尊敬の念，素直さ，感謝の気持ち，父母からは信頼，などの暗黙の了解があったのである。教師の厳しさと温情をあわせもつ指導姿勢と，生徒の従順な受容態度がうまくかみ合っていたのである。

　このような指導態勢は，戦前からの徳治主義的（加藤，2009a）な教育環境が整っていて，機能していたのである。教師は自らの識見と人格の向上に努め，生徒は教師を信頼し，教師と生徒の間の真の"信頼関係"が成立していたのである。

(2) 現在の生徒指導の問題

　ところが，戦後の進歩主義教育理念や教育の人間化論（加藤，2009a）などの浸透によって，教師が叱るなどの指導法の価値は低くみられてきた。叱るというような指導を行った場合，生徒は"文句を言う，反抗する"などの状況が起こり，従来の我が国の伝統的な生徒指導方式に大きな困難性が伴ってきたのである。

しかし我が国の教育界においては，戦前からの伝統的な徳治主義的な指導態勢は，現在においてもその郷愁は断ちがたく，我が国の教育文化の根幹として指導理念に深く潜在している。このことは，信頼関係を重視し，権威や規則を忌避するという，我が国の生徒指導法がアメリカや西欧諸国のそれと非常に異なる指導法を形成していることを示している。すなわち，生徒指導上重要で合理的で有用な規則に頼らず，信頼関係などという他国と違う指導法が観念的に重視されている。そして，問題行動があった場合は規則によって措置するという方法ではなく，現実には"叱る"という不確かな指導法が学校現場においては厳然と存在しているのである。このような生徒指導法上の大きな問題を抱えているのが我が国の現状であると認めざるを得ない。

　この現実は，現在における公的な教育行政による指導指針と学校現場の現実との間に矛盾と乖離がどうしても存在しているのである。教育行政は，戦後アメリカから受け容れた進歩主義的教育理念に，その形式的指導態様を定めその指導法を統一化させている。このことのゆえに，我が国の伝統的な徳治主義的な指導観が潜在的に存在している教育界との間には，種々の軋轢を引き起こすことになるのである。

　このことの認識はきわめて重要である。したがって次のような問題や矛盾の存在を念頭において生徒指導が考えられていかなければならないのである。

①戦前の伝統的な教育理念や徳治主義的な方式を悪であると主張しながら，一方では，我が国特有の伝統的な教育手法である"信頼関係"を強く主張する。
②公的な教育指導論の根底を，アメリカが過去失敗した進歩主義教育論や教育の人間化論の理念においてはいるが，現場の生徒指導上の現実とは相容れない状況にある。
③真の自由を守るためには欠かすことのできない合理的な権威や規則の重要性の認識なしに，リベラルな自由を強調し，生徒の個性，自主性，主体性などを声高に強調する。
④学校規律を正すための生徒指導法と，個人的なカウンセリング療法的指導法との違いの認識なしに，生徒指導方式を一律にカウンセリング的手法と

する。
（このことに関しては，加藤（2009a）および本書「いじめと生徒指導」の章を参照）

　以上のように，我が国の生徒指導の問題点を要約すると，我が国の学会や教育行政の推奨する生徒指導法は，学校現場における現実の指導法との間に多くの問題が存在していたのである。このような状況の中で世論の盛り上がりを背景にして，平成18年には文科省は「生徒指導体制のあり方」を発表し，その中に，教育委員会の役割として「生徒指導に関する研修の不断の見直しと充実を図る」と明記した。このことは，生徒指導法がカウンセリング的方法一辺倒ではよくないということを明確に示唆している（加藤，2006）。

アメリカの生徒指導法を学ぶべきである

　日本の生徒指導法の誤りは，アメリカが過去失敗した理念の後を追い，現在アメリカが成功している教育の現状を素直にみようとしていないことである。

(1) アメリカの学校における生徒指導態勢
①アメリカの学校は規律正しい
　アメリカにおいては地区教育委員会（District）が，生徒行動綱領（student conduct code）を定め，これを地区行政区管内の学校に指示している。これに基づいて各学校においては，さらに細かい校則を定め，生徒ハンドブックを作製する。
　アメリカの学校においては，小学校，中学校，高校に入学するときには，生徒ハンドブックを受け取り，生徒と父母はこの内容を了解して，受領書に署名して学校に提出する。このことは，学校と生徒父母との間の契約事項となるのである。したがって，学校生活においては，規則の範囲内で自ら"自由に"行動するという体験をさせるのである。規則に違反すれば，当然ながら罰を受けるのである。このことについては，加藤（2009a）に述べてある通りである。
　現在のアメリカの学校は非常に規律正しい。遅刻はなく，授業中は静か，立

ち歩きやおしゃべりなどはなく，廊下を移動するときは教師が付き添って整列して移動する。教師は生徒を積極的に指導し，生徒は教師の指導に素直に従い"明るく，自由に，のびのびと"行動している。

　このような規律ある行動経験があってこそ，卒業後の現実の自由と民主主義社会をうまく"生き抜く"ことができ，"良き市民"となりうるのである。

②生徒は多様でありそれぞれに異なる指導が行われる

　生徒の個性や生育環境などはそれぞれが違い，多様である。次のような多様な態様をもつ生徒が，学校には本来的に存在していることの認識をしっかりもっていることが，正しい生徒指導を行うことができる原点である。

- 大多数の善良な生徒：規律正しく従順で，意味のある合理的な規則に対しては何の痛痒も感じない
- 怠学生徒（トルーアント；Truant）：遅刻，欠席，勉強嫌い，規則違反などの傾向性をもつ
- 悪徳非行生徒：攻撃的な性向が強く，暴力やいじめなどの犯罪的傾向をもつ
- 反社会的・反倫理的な生徒：反体制的な行動に溺れやすい
- 不登校生徒：何らかの原因で登校を嫌うか，登校困難性をもつ
- 精神的に弱い生徒：非社会的性向をもち人間関係がうまくいかない
- 精神的に問題のある生徒：精神的，心理的に病的な問題を抱える
- 妊娠・子持ちの生徒：性的過ちを起こす

　アメリカにおいては，このような多様な生徒の存在の現実を積極的に把握して，それぞれの生徒に対して違った指導が行われている。大多数の善良な生徒に対しては，正規の学校において規律正しい指導が厳正に行われる。

　その他の問題をもつ生徒に対しては，それぞれの問題に対応して，正規の学校とは別にオルタナティブ（代替的）に，矯正的な指導が行われる。

③オルタナティブスクール──多様な指導態勢──

　アメリカの生徒指導体制の重要なポイントは，オルタナティブスクール（Alternative School）の存在にある。アメリカの正規の学校においては，遅刻

や無断欠席や不登校や中途退学者などはなく，ましてや暴力，麻薬，教師に反抗などの悪徳非行行為は，全くない（加藤，2000）。

これは，規則違反や悪徳非行行為などを犯した生徒は，オルタナティブスクール送りとなるからである。そこで矯正的に指導を受け，立ち直れば元の正規の学校に戻るというシステムになっている。このように多様な生徒に対してそれぞれにオルタナティブに，多様な指導をするのである。このことは，学校規律を正し，大多数の善良な生徒の良き学習環境を守り，問題生徒に対しては，一人ひとりに適応する的確な指導をしていくことを意図している。

④18歳まで不登校や中途退学者はいない

アメリカでは，義務教育年齢は，16歳と18歳までの州がそれぞれ約半数ずつとなっている。しかし，現実にはアメリカ全州で18歳（高校4年生）まではほぼ全員が，在籍している。いわゆる不登校生徒や中途退学するような生徒はいないのである（加藤，2006）。

アメリカではトルーアンシー（truancy；怠学・不法）という概念があり，無断欠席や不登校気味の生徒はトルーアント（怠学者・不法者）と呼ばれる。彼らは，正規の学校の規律になじめない生徒としてみなされ，彼らに対しては，規律が緩和されているオルタナティブスクールが設置されており，彼らは自ら希望しこのような学校に行くことができる。それでも登校しない者に対しては，無断欠席と認定され父母の責任とされる。1日当り500ドル程度の罰金を父母に科すという制度を決めている州が多い。

アメリカにおけるオルタナティブスクールの概念は非常に広い。悪徳非行生徒，不登校生徒などを対象とするオルタナティブスクールの他に，チャータースクールやホームスクールなども，その範ちゅうに入れる。一人の落ちこぼれ生徒もないように，多様な方式と指導体制がとられている（加藤，2005）。

⑤生徒指導の手続き—生徒指導の責任は管理職がもつ—

アメリカの学校の教職員組織は，授業をする教師（teacher）と授業をしないで管理する教師（administrator）とに分かれている。中学校や高校になると管理職教師の割合が多くなり，高校では4割ほどが管理職，すなわち校長，教頭，カウンセラーなどが責任をもって，生徒の指導管理を行う。

授業をする一般教師は，1日6～7時間の授業を担当し，主として学力向上

に責任をもつ。そのためには授業規律向上のため，自らの教室における規律指導には自らで責任をもつ。授業をする教師は，一般の校則の他に細かい規則や授業指針などを独自に作って，新年度初めに明示して，規律を正し授業効果を上げるように工夫する。

　このような指導態勢のもとで，規律違反の生徒に対しては，各教師はディテンションなどの指導措置をする。その措置に従わない者，たびたび問題を起こす者，あるいはレベル3以上（加藤，2009a）の悪徳非行行為を犯す者に対しては，指導カードに記入して管理職に提出する。それらの生徒に対するそれ以後の処置，罰則などの適用は，教頭を中心とする管理職に委任する。最終的には校長・教頭が責任をもって指導措置をする。

　学校規律の最終的な責任者である校長は，常時校内を巡視し，学校の安全と規律の確認をする。中学校や高校では，警察官（school police）や学校安全官（security officer）が配置されており，学校安全のための危機管理の万全が図られている。

⑥学校安全法（Safe School Act）

　アメリカでは過去学校規律が乱れ，教師のバーンアウト現象が進んでいた。このような状況の改善を図るため，アメリカの教員組合は教職員自身の快適な職場環境を維持発展させるために，学校安全法の成立に努力してきた。その結果，現在では多くの州で学校安全法が成立している。

　この法律の趣旨は，授業妨害をする問題生徒に対しては，教師は授業クラスから排除できるという権利をもつという内容である。したがって，教師から申し出のあった問題生徒を，校長は他のクラスに移すか，オルタナティブスクール送りにするかの措置をとらなければならない，という教師の権利を認めるという法律である。

　このような状況のもとに，アメリカの学校の教師は自らの安全が保障され，快適で積極的な指導ができる環境にある。このように教師の教育指導上の職場環境が良いため教職に対する士気が上がっている。したがって教職は女性の人気職種となっている。この結果，アメリカの学校では管理職を含め女性の教職員が6～8割を占めている。

（2）生徒指導にかかわる基本原理
①自由と規則と責任の認識

　真の自由（freedom）とは，規則（ある制限）の範囲内で個人が行動の自由を選択でき，それが保障されるということである。それに対してリベラル（liberal）な自由（liberty）とは，管理されない，拘束されないなどのような無限に解放されたいという自由を志向する概念である。それは真の自由とは違い枝葉の自由ともいうべきものである。真の自由とは，他人の自由を慮り，それを保障するためには，個人の自由はある限界の中での自由の選択でなければならない。

　このためには，個人の自由は当然ながら制限される。したがって個人の行動は，その制限（規則）の範囲内で自ら判断して，どのような行動を選択するかが問われるのである。自らの行動は自らで決めると主張して，自主的・主体的に行動するということは許されないのである。個人が，全体の自由を守るための制限（規則）を逸脱すれば，その個人は責任を問われ罰を受けることは当然である。このように，真の自由を守るには，規則と規律（責任と罰）は欠かすことのできない重要な要件である。すなわち，真の自由とは，意味のある合理的な規則がなければ成立しないのである。

②ゼロ・トレランスからノーイクスキュースへ—自己責任の重要性

　1990年代において，アメリカの学校規律は劇的に立て直された。このことは，教育理念を伝統的に回帰させたことと，生徒指導の方法にゼロ・トレランスやプログレッシブディシプリンなどの実効的な方法が導入されたことによる。しかし，現在の生徒ハンドブックからは，ゼロ・トレランスという表現が消えつつある。このことは，学校規律が正され悪徳非行行為がなくなり，ゼロ・トレランスをことさら強調する必要性がなくなってきているからである（加藤，2009b）。

　このような最近の状況においては，ゼロ・トレランスに代わってノーイクスキュース（No Excuse；弁解なし）という理念が強調されてきている。自らの行動に対しては，弁解や言い訳なしに自らが責任をとるという自己責任性を強調するという概念である。このことは，真に自主的に行動できる人間性の育成が要請されているということである。

規則違反をした，規律を乱した，学力が落ちた，などのことは，親が悪いのではない，社会が悪いのではない，それは自己責任であるという認識をしっかりもたせる教育が，真に主体的な人間性を育成するのである。ノーイクスキュースの精神こそが，自己規律（self discipline）を確立し，真に個人の人間的尊厳を維持できるのである。

　自らの行動に対して言い訳をして逃れるということは，その本人の怠惰な性行を助長することにほかならない。

③キャラクターエデュケーション（品性教育）

　現在のアメリカにおいては，生徒指導の概念の上にもう1つ次元の高い道徳性の向上を図ろうとする潮流となっている。このためには，人が守るべき道徳的徳目を教え込み，それを実践させ，規範意識を高め，善き人格形成を図ろうとするものである。このような教育をキャラクターエデュケーション（character education；品性教育）といい，生徒指導の方向が，道徳教育の推進の方向に移ってきている（加藤，2004）。

　個人が守るべき徳目である時間厳守，規則遵守，規律，静粛などは，機械的徳目（mechanical virtue）として，当たり前に素直に教え込む。さらに人間関係や，社会・国家などに関わる社会的徳目（social virtue），すなわち，自己を規制する，他人と調和する，礼儀正しくする，正義を守る，国を愛するなどの徳目を重視して教えるのである。このように個人の品性を高め，国家社会に奉仕できるような人材育成に力を注いでいる。

我が国の生徒指導をどのように変革するか

我が国の生徒指導法は確立されていない

　我が国の生徒指導法は，実践的な理念，手続き，方法などは残念ながら確立されてきていない。それは，生徒の管理とか規律とか規則という生徒指導上の重要な基本的概念の価値を低くみたり，あるいは排除してきたりしたため，それらに関する具体的な指導法については，ほとんど教育的に議論されてこなかったのである。

　例えば，旧文部省時代の1981（昭和56）年には「生徒指導の手引」を著しそ

の中には，次の5点を強調して指示しているが，具体的な規律指導には何らの言及もない。

　①個別的発達的教育
　②人格の尊重と個性の伸長
　③生活の具体的実際的活動
　④問題生徒だけでなくすべての生徒対象
　⑤学習指導も含めた統合的活動

となっており，抽象的な概念の説明だけに終わっている。
　しかし具体的な指導としては，1988年以降3年間にわたり，学校における"規則の廃止や緩和"を執拗に繰り返し指示した。その内容は，管理や規則に頼らず，生徒の自主性や主体性を重んじ，教育相談を充実し，教師は目線を下げ生徒理解に努める，などのことを徹底したのである。
　このことは，現場の教師たちから生徒指導上，重要である権威や規則という武器をとりあげ，カウンセリング的手法だけで生徒指導を行えと徹底したのである。この結果，平成に入ってからは学校規律が一層乱れてしまった。そして，その乱れの責任は"学校の対応の悪さ，教師の指導力不足"であるとのレッテルを貼ってしまったのである。指導力不足と烙印を押された現場の教師たちは，何らの具体的な指導法も与えられず，徒手空拳のもとに苦悩を増大させ，大多数の真摯な教師たちの指導意欲を萎えさせてしまった。さらには一部の教師たちにはバーンアウトの症状を生じさせてしまったのである。

文科省の新しい方針
―生徒指導体制の在り方～規範意識の醸成を目指して―

(1) 生徒指導法の明るい兆し
　このような学校規律の乱れは，"ゆとりの教育"批判とも同調し，社会問題化してきた。このときに当たって政府は，世論の後押しを受け教育再生会議を発足させ，2006（平成18）年には，新しい「生徒指導体制の在り方」を発表し

た（加藤，2009a）。この中には，アメリカが成功したゼロ・トレランスやプログレッシブディシプリン方式を紹介し，規則や罰則を重視するという伝統的な当たり前の指導法を指示している。

　この新しい生徒指導方式を堅実に実践すれば，我が国の学校規律は格段に向上できるものと期待される。

(2) 我が国の生徒指導改革の具体的視点

　今後の生徒指導法は，伝統的，一般的で堅実な教育指導法およびアメリカが成功した指導法を学び，それを素直に採り入れることが重要である。その具体的視点を以下に挙げる。

　①生徒指導理念を伝統的な当たり前の理念に回帰させる。
　②教育委員会が具体的な生徒行動綱領を作成し，学校やコミュニティにその指導方針を明示する。
　③各学校はこれに基づいて校則を整備し，教職員，生徒，父母に明示する。
　④校長は，学校規律の全責任をもち，教職員，生徒，父母，コミュニティのそれぞれの役割，責任，権利，規律（罰）を明示する。
　⑤全教職員は，校則を尊重し，指導の"ぶれ"のないように一致協力する。

加藤十八（元愛知県立高等学校長，中京女子大学名誉教授）

【文献】

加藤十八　2000　アメリカの事例から学ぶ学校再生の決めて―ゼロトレランスが学校を建て直した　学事出版

加藤十八　2004　アメリカの事例に学ぶ学力低下からの脱却―キャラクターエデュケーションが学力を再生した―　学事出版

加藤十八　2005　Truancyの研究―'不登校，非行'問題を考える　中京女子大学教育紀要

加藤十八　2006　ゼロトレランス―規範意識をどう育てるか　学事出版

加藤十八　2009a　生徒指導の実践―ゼロトレランスが学校規律を正す―　市川千秋（監修）　宇田　光・八並光俊・西口利文（編）　臨床生徒指導　理論編　ナカニシヤ出版

加藤十八　2009b　ゼロトレランスからノーイクスキューズへ　学事出版

13

ゼロ・トレランスの日本への導入をめぐって

はじめに

　学校は子どもたちにとって人生で出合う初めての大きな「社会」である。それを経て実社会に出ていく。では学齢期にどのような準備をすべきであろうか。
　私立A高等学校は，独自の「ゼロ・トレランス方式」の生徒指導を構想し，高校段階での社会適応力向上を目指して，学校生活場面に規範意識を学ぶ機会を設けた。その結果，問題行動の減少や学校行事への積極的な参加がみられた。
　本章では，筆者がA校の専任スクール・カウンセラー（以降，専任SC）として参加した生徒指導の取り組みの経過を概観し，その成果と課題を考察する。

ゼロ・トレランス方式の生徒指導の背景にあるもの

(1) 現代社会の抱える課題
　教育現場では，若者像の変化に対応した教育活動を行う努力が続けられている。現代の若者は「葛藤回避傾向」にあるとされ，運動や勉強で努力して報われない体験に出会う時，折り合いをつけてそれを受容し，自分らしい生き方を選びとる機会を得にくい。そして「努力で成果が得られないのは，その課題自体に問題がある」と捉えかねない。また一方，社会格差が広がり，生活の困難さから，一部の子どもは望みがかなう体験を得にくい環境にあるかもしれない。社会の抱える閉塞感から，「無駄なことを頑張るより妥協する方が賢明だ」と解釈する若者も少なくない。

(2) 社会適応に向けた取り組みの必要性

これらの両極化した状況のなか，若者の社会性を高め、成長を促進させるよう支えることは，学校教育の大きな課題である。なぜなら，ひとたび社会に出ると一般社会の価値観があり，ルールがあるからに他ならない。それに適応できない若者は，大きな壁に突き当たる。学校は，それを回避し健全な社会適応力を得るため，リハーサルの機会を提供できる。それが「ゼロ・トレランス方式」の生徒指導の原点である。

(3) A 高校の沿革と状況

A 高校は中国地方の中規模都市にある私立高校である。女子校から男女共学となり，設立から約50年が経過した（表1）。当初は地域における公立高校の補完校として位置づけられていた。若者像の変化もあり，学校は団結心や行事の活性化が難しく，行動規範の順守への積極的なモチベーションや学校に対する生徒個人のコミットメントには課題があった。

表1　A 高校の概要

	内容
生徒数	約1000名
設　立	1964年
教員数	常勤約100名 非常勤約20名

実践校での生徒指導改革

(1) 基礎構築期

A 高校は，学校の特徴や地域における役割の再確認など，校内体制の基礎的なコンセプトをまとめ，新たな学校づくりに取り組んだ。まず相談室の開室を決定し，学校における心理教育的援助活動を専門とする専任 SC（筆者）を配置した。生徒指導はベテラン担当者が複数で担当した（表2）。

学校適応が困難な生徒たちのため，生徒指導と教育相談の協働体制づくりの

表2　教育相談と生徒指導のスタッフ

生徒指導担当	教育相談担当
生徒指導教頭	専任 SC
生徒指導部長　科・コース主任	非常勤 SC，非常勤教育相談員

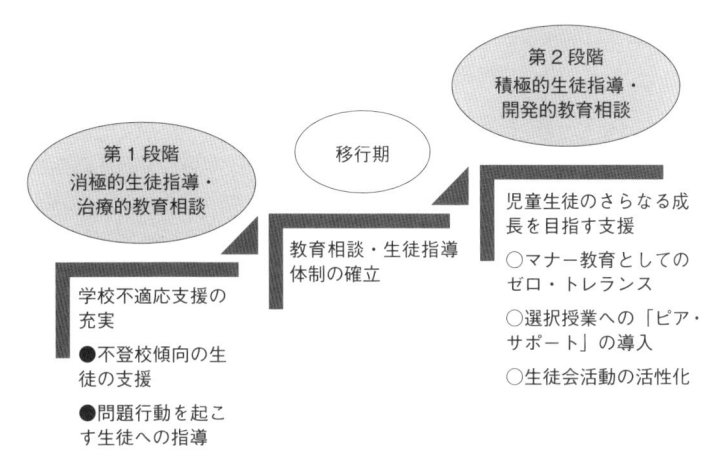

```
                              第2段階
                           積極的生徒指導・
                           開発的教育相談

          第1段階
        消極的生徒指導・    移行期
         治療的教育相談                児童生徒のさらなる成
                                長を目指す支援
                      教育相談・生徒指導   ○マナー教育としての
                      体制の確立         ゼロ・トレランス
        学校不適応支援の                ○選択授業への「ピア・
        充実                          サポート」の導入
        ●不登校傾向の生               ○生徒会活動の活性化
         徒の支援
        ●問題行動を起こ
         す生徒への指導
```

図1　A高校における生徒指導および教育相談の取り組み過程

第1段階として，次の3点が重点的に行われた（図1）。

①相談室：不登校傾向の生徒の学校適応支援を行った。中学生時の情報から専任SCが学級担任・養護教諭・主任らと情報交換し協働した。また不適応傾向はあるものの当事者・保護者ともに克服の意志があるケースを対象に，教務部と協議して，1年に限り「不登校IEP」を設定した。

②生徒指導部：問題行動への適切な対応のあり方や共通して行われるべき手順を再検討した。信頼関係の構築と明確なルールづくりの必要性を，生徒指導・教育相談担当者合同の研修でも確認した。

③校内体制の整備：「生徒指導教頭」のポジションが設けられ，管理職として会議での意見が示せる執行体制になった。相談室も，生徒のニーズにより，学級担任と専任SCの領域区分が明確になり，個別対応が必要なほどに深刻な課題がある生徒には，個別で対応できる体制がつくられた。

学校適応支援の校内体制が整い，第2段階へと実践内容が進められた。次は全生徒に向けた規範意識の醸成や思いやりある学校風土の形成の確立であった。

(2) 構想期：独自のゼロ・トレランス方式による生徒指導体制づくり

A高校の状態は，第1段階に消極的生徒指導および治療的（事後対応的）教育相談が充実し，基本的な生徒指導と教育相談の骨組みができた（図1）。不

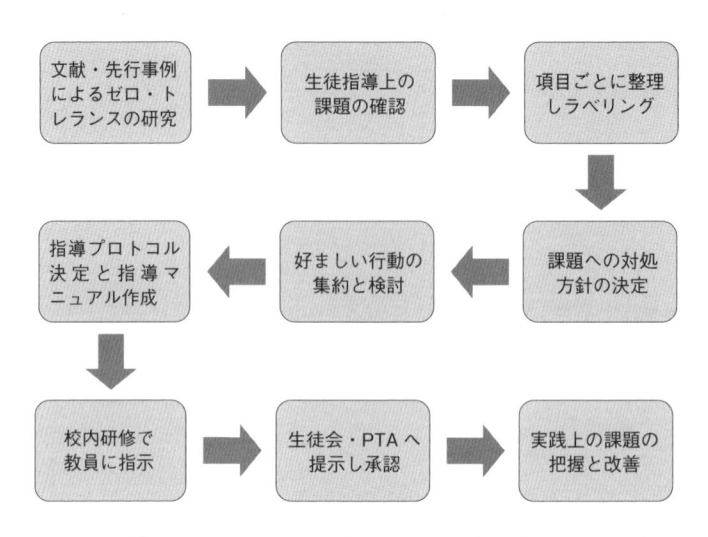

図2 独自のゼロ・トレランス方式による生徒指導体制推進までの経緯

登校傾向のある生徒にも，問題行動がみられる生徒にも，A高校に在籍するなかで学校社会に再適応し，将来社会に適応する「チャンス」を与えたいという学校の方針が明確化された。かつて5%を大きく超えていた退学者数も回復し，生徒指導・教育相談の活動は，新たな段階を迎える準備が整った。

その一方で，生徒たちは，反抗的ではないものの，学校に来ることの意味や帰属意識が感じられる状態には至っていなかった。そこで校長も，管理職の立場から，既存の生徒指導に新たな方向性を持たせる必要性を認識し，主要スタッフに対して「ゼロ・トレランス方式」の生徒指導を具体的に構想することを提案した。

取り組みの流れを振り返ると，以下9ステップに分けられる（図2）。

①文献・先行研究におけるゼロ・トレランス方式の生徒指導の研究

米国のゼロ・トレランス方式と，日本での先行的な実践を関連雑誌・図書およびウェブサイトから収集・検討し，自分たちの目指す方向性を議論した。

②生徒指導上の課題の確認

A校の生徒指導上の懸案事項を列挙した。制服の着こなし，言葉遣い，通学時の交通機関の利用状態，授業中の態度など多種多様なことが挙げられた。課

題の特徴は，重大な校則違反より軽微な違反が多く，教師の対応に幅があり，生徒たちにとって不明瞭であり，不公平感が生まれていることに集約された。

③課題の整理とラベリング

列挙した課題を整理し，場面では，学校内，登下校時，すべての場面に分けられ，領域面でも，服装・身だしなみ，言動・態度，学習態度等に整理された。

(3) 導入過程

管理職からの指示により，生徒指導および教育相談担当者がコアメンバーとなって内容を構想したのち，具体的に校内の活動として導入した。特に生徒のあいだで不公平感が出ないこと・わかりやすい方針であることに配慮した。

④課題への対処方針決定

高校入学時までに，生徒たちが身に付けている規範意識は，彼らの家庭・地域・人格といったさまざまな要因によって大きく異なることが分析できた。学校で生徒たちに社会性としての規範意識を醸成するために，彼らに対して明確なガイドラインを示す必要性が確認され，5段階からなる生徒指導の問題の深刻さの分類を共通に行い，それに伴う指導を行うことにした。

⑤好ましい行動の集約と検討

明確なガイドラインとは，生徒たちの行動を禁止するのではなく，日常生活の各場面で好ましい行動が何であるかを示すものである。前述の課題に対して，個々に指針を示す方向で合意し，「生徒指導ガイドライン（仮）」を作成した。後に良い行動を喚起するため，66項目からなる「マナー教育ガイドライン」とされ，問題の深刻さによって5段階に分けて示した。

⑥指導プロトコルの決定と指導マニュアル作成（図3）

行動指針の導入には，流れを整理し，教員間で指導がブレないようにした。またA校での教員経験が少ない場合でも実践できる指導プロトコルを含むマニュアルを作成した。生徒に不公平感が生じないよう，自分がどの段階にいて誰から指導を受けるか，どの行為がどの程度の問題であるかを明示した。

⑦校内研修で教員に提示

教科担任向け，学級担任向けにそれぞれ作成した生徒指導マニュアルを長期休業中の校内研修で伝達し，具体的な指導場面での対処方法を共有した（表3）。

指導場面の具体例：「違反への対処の仕方」「正式な挨拶の仕方」「教科担任の指導中に好ましくない行動があった場合の対応」など。

⑧生徒会・PTA へ提示し承認

生徒会および PTA の理解を得るため，生徒会執行部に共有し，生徒総会で使用を確認した。また初年度には PTA 役員に提案し，総会で承認を受けた。

レベル1（対応：学級担任）	
軽微な違反	スカート丈・髪型などマナーレベルの行為

↓

レベル2（対応：学級担任・科／コース主任）	
軽い違反・前段階の違反を繰り返す	自転車の乗り方など安全に関する行為

↓

レベル3（対応：学級担任・科／コース主任・生徒指導部長）	
中程度の違反・前段階の違反を繰り返す	喫煙など生徒指導上の罰則が定められた行為

↓

レベル4（対応：学級担任・科／コース主任・生徒指導部長・生徒指導教頭）	
重い違反・前段階の違反を繰り返す	喧嘩など生徒指導上重い罰則がある行為

↓

レベル5（対応：学級担任・科／コース主任・生徒指導部長・生徒指導教頭・校長）	
極めて深刻な違反・前段階の違反を繰り返す	対教師暴力など退学処分の対象となる行為

図3　マナー教育ガイドラインの骨子

表3　生徒指導マニュアル内の「学級担任の指導マニュアル」

方法	生徒指導マニュアル作成にあたり，コアメンバーに加え，長年 A 高校で規律ある学級経営を行っている教員たちにもアドバイザーとして加わってもらい，教員たちの卓越した手法をマニュアルに反映し共有した
内容	学級担任が行うべき指導の観点を整理したもの。朝のホームルーム運営，生徒の問題行動への対処，学級状態の把握，学級日誌の扱いなど

(5) 生徒指導の年間計画への位置づけ

⑨定着化への取り組み―実践上の課題の把握と改善―

取り組みの定着化に向け，年間計画へ位置づけた（表4）。プログラムの実践上の課題を把握し適宜修正することや，新年度に採用される非常勤講師・常勤講師および講師から教諭に任用替えされる教員が，教科担任・学級担任として生徒指導上の指導責務を果たせるよう情報共有することなどを目標とした。

また，生徒たちの問題行動も時間の経過とともに変化する。服装違反や行動にも，「流行」の影響があることから，定期的な見直しと改訂を毎年検討した。

表4　A高校における生徒指導に関する年間計画の概要

時期	ゼロ・トレランス定着のための活動年間計画	対象
新学期	・採用教員オリエンテーションでの生徒指導研修 ・新学期教員研修で変更事項等の伝達 ・マナー教育ガイドラインによるオリエンテーション	新任・任用替え教員 全教員 新入生・保護者
夏期	・生徒指導・教育相談担当者合同研修で修正 ・職員研修で遂行上の注意事項を伝達	（担当者での話し合い） 全教員
年度末	・問題行動等の発生件数の集計・報告 ・規範行動のとれた生徒のグッドマナー賞表彰 ・必要に応じ生徒指導ガイドラインの内容改定	管理職・全教員 選ばれた生徒 全教員
常時	・定例セルフモニタリングで自分の行動を省察 ・遂行上の課題のモニタリングと解決策の共有 ・生徒指導上のニーズの高い生徒の個別支援	全生徒 全教員 個別の生徒

(6) 補足的措置の導入

問題行動の数自体も，繰り返し問題を起こす生徒も減少し，ごく一部の問題行動が多い生徒とそれ以外の大半の生徒の間で，両極化された状態がみられた。そこで，生徒指導委員会で協議し，いくつかの補足的措置を導入した。

① AER（Alternative Education Room）の設置

まず問題行動のセルフコントロールが難しい生徒に，向社会的行動を理解できるよう特別な指導と修養の場（AER）を設けた（表5）。本人の反省や学校の指導に対する保護者の協力などの確認が得られた生徒は，これまでの学校や教師との関係にとらわれることなく，生徒指導担当者にじっくり話を聴いても

表5　AER（Alternative Education Room，校内放校処分）

対象：	本人が課題を認識しながら，問題行動が大きく改善しない者のうち，保護者から賛同が得られた者
方針：	カウンセリングによる内省と自尊感情の向上を目指した指導。生徒指導担当者・専任SC・相談員が本人の話を傾聴し対応を検討する。学級担任の直接関与はない
活動：	特別指導での校内規定では奉仕など作業中心の時間が確保されているが，AERでは「内観的」な時間を持つことを重視し，自分がなぜそのような行動に及んだか，また，なぜそれを止められなかったのかを内省する

表6　A高校グッドマナー賞

手続：	A校の生徒全員がマナー教育ガイドライン66項目に対してセルフチェックを行い担任が確認する
表彰：	各定期考査最終日のチェックを経て，常によい行動がとれた場合，年度末に表彰し評価記録を残す

らったり，さまざまな課題への対象のスキルを学んだりするのである。言いかえると，この時間は学校との「基本的信頼感」の再構築の期間となる。その結果，内省と受容的な経験を経て再適応できた事例もあり，ある程度の成果をあげている。

②A高校グッドマナー賞の制定

また生徒たちがセルフモニタリングによって自律的に規範意識を保てるよう，行動を振り返る機会を定期的に設け，グッドマナー賞として表彰した（表6）。これは，ともすれば問題行動にばかり関心が集まりがちな生徒指導の視点を，好ましい行動の強化にも向けていくことに役立った。

これらの補足的措置で，問題を抱えている生徒たちにはそれを克服する方略を共に探し，また，多くの生徒たちの良い行動を「強化」する仕組みが整った。

成果と課題

校内の違反行為は，特に軽微なレベルにおいて軽減された。喫煙および喫煙具所持については取り組みを始めて半年の間に大きく減少し，プログラム開始から3年連続で約30%ずつ減少し，現在も年間の指導件数は低い状態が続いて

いる。加えて退学者数も，開始当初から半減した状態が維持されている。

　これらの取り組みにより，規範意識や社会性を身につけられるよう，自分の行動に見通しが持てる，明確なルールが示された。一部の課題を抱えた生徒は，他罪的に責任転嫁をして，自分の問題に対する気付きが得られないことも多い。それを，カウンセリング等によって内省できるようにサポートしたことが行動変容につながるケースもみられた。

　また，生徒会などが自校のプライドづくりを目指し，良いマナーでボランティア活動・国際交流活動などを行ってきたことが奏功し，学校への積極的なコミットメントが生まれ，多くの生徒に波及した。これらは各種部活動の活躍や対外試合への一般生徒の応援状況，卒業式等の式典での態度にも表れ，愛校心を醸成することにも影響があったことが示された。さらに保護者からも，ゼロ・トレランス方式が浸透することは安心な学校環境に効果的と評価された。

　課題としては，転勤のきわめて少ない私立高校にあって，推進メンバーの多くは当時と同様のポストでこの取り組みを維持しているが，配置転換などに耐えうるシステムであるかどうかは，実際の場面において試されることになる。

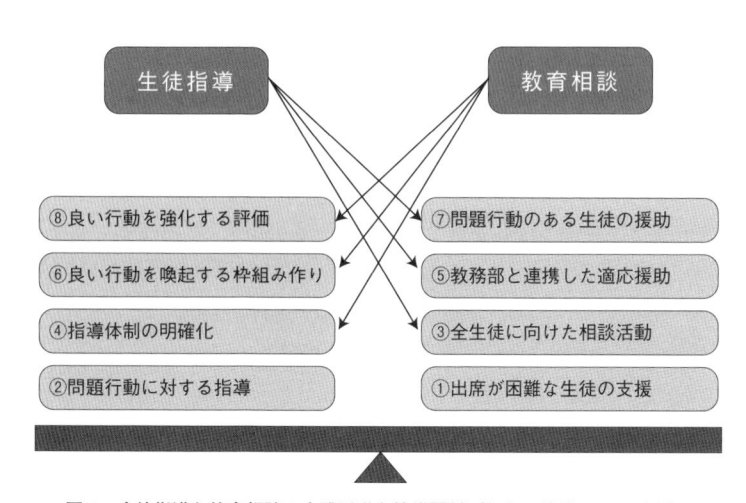

図4　生徒指導と教育相談の実践活動と協働関係（矢印は協働による活動）

おわりに

　本章では「ゼロ・トレランス方式」による生徒指導をその背景的な要素も含め概観した（図4）。生徒指導と教育相談の体制づくりの基礎固めが行われた後，校訓をふまえ，生徒指導部の姿勢を明確にして，排除ではなく成長促進のためのプログラムが作られた。生徒指導チームが協働し，従来の生徒指導の既成概念に固執しない新しいスタイルのプログラムをつくった。成果の背景には「ゼロ・トレランス」導入に教育相談の視点からの配慮を加えたこと，推進メンバーを拡大し，経験豊富で力量の高い教員を巻き込んでいったことがあったといえる。

　新たなプログラムを導入する折には，導入の手続きに注意を払う必要がある。さまざまな軋轢や反対意見が起きることが予想される。その対応として，①意図が理解されるような説明をすること，②成果を示し続けること，③教員間で齟齬が生じないよう情報共有をすること，④状況に合わせ年度ごとに見直すことなどにより，そうしたトラブルは最小限に留められるであろう。

　また，生徒たちにとっては，罰則ではなく好ましい行動が示されたことが効果をあげた。彼らの中には「適切な行動」とは何かを示される機会がなかった者，成長過程のなかでそれを聞き届けられる時に伝えられていなかった者もおり，社会との接点に近い位置にある高校時代に，具体的な好ましい行動を示されることが役立ったのではなかろうか。生徒指導が本来の機能を果たし，良い行動を促進し良くない行動を抑制する指導が奏功したといえる。

　取り組みの開始から10年目となる今，振り返ると寛容度ゼロの生徒指導とは，教員がブレのない態度で取り組めるような校内体制をとることであったといえる。生徒指導システムは必要に応じて形態を変えながら現在も熱心な生徒指導担当者と多くの教員の支えによって稼働している。今後も生徒像や社会変化に即して経験知を言語化し，運用できるよう研修を重ねることが望まれる。

西山久子（福岡教育大学）

【文献】

西山久子　2006　ゼロトレランス方式と教育相談が融合したわが校の取組み　月刊学校教育相談11月号　pp.38-43.

西山久子　2008　高校生の社会適応を促進するための実践研究　私学教育研究, **43**, 143-148.

西山久子　2008　教育相談の学校への定着に関する一考察―教育相談の定着の組織外要因としての教育行政からのアプローチの検討―　山陽論叢, **21**, 61-73.

コラム ❼　警察少年課・少年センター

　道府県の警察本部には，刑事部，交通部などと並んで，生活安全部が設置されている。少年課は，この生活安全部のなかに，設置されている（警視庁は，やや組織の形態が異なっている）。少年課の仕事は，薬物乱用防止教室を開催するなど少年非行の防止や補導，相談活動などである。

　携帯電話やインターネットが発達した今日の日本では，従来にはなかった種類の犯罪が次々に登場している。ネット犯罪，あるいはサイバー犯罪などと呼ばれているものである。そして，若者がそうした事件に巻き込まれる事例も増えている。例えば，悪徳出会い系サイト（ウェブサイトを通じて，不特定の男女が出会う場を提供するサービス）による被害がある。こうして，例えば料金の不当請求や「援助交際」など，数多くの問題が派生してくる。そこで，これら新しい脅威が存在することやその対処法を含めて，学校などと連携して啓発していくことが，不可欠なのである。

　今日では少年センター，少年サポートセンターなどの名称で，警察に相談窓口を設けることが一般的になった。非行，いじめや虐待など，少年の健全育成にかかわる問題に対処する。継続的に指導，助言を行って，非行少年の立ち直りを支援していく。また，犯罪被害を受けた少年や，その家族の相談も受けている。

　なお，警察の少年センターとは別に，少年補導センター（コラム 6 を参照）も，少年センターと呼ばれていることがある。「少年センター」あるいは「青少年センター」という名称の研修施設がある。その多くは，会議室やスポーツ施設，食堂などを備えている。

　　　　　　　　　　　　　　　　　　　　　　　　　　　　宇田　光（南山大学）

14

生徒指導基準の教育再生に果たす役割
―ニューヨーク市の事例：全米で最も危険な街から
「子どもにとって最も安全な街」へ―

はじめに

　我が国においては，小中学校における児童生徒1000人当たりの過去5年間の暴力行為発生件数は毎年増加傾向にある（文部科学省，2011）。特に中学校の暴力行為は各校種の中でも件数が突出しており，平成18年度と直近の平成22年度の件数を比較すると，30,564件から42,114件へと約1.4倍の増加がみられる。学校現場では管理職には懲戒措置などを伴うような厳しい報告義務も課されておらず，校内における管理職への報告も学校によっては必ずしも徹底されているとはいえない実情にある。したがって統計値は実数のごく一部であると推測され，学校における子どもの安全が危惧されるところである。

　一方，出席停止の措置件数は平成22年度では51件（小学校0件，中学校51件）であり，同年度の中学校における暴力行為発生件数と比較すると約1000：1の比率である。出席停止は，保護者が生徒を自宅にとどめておけない場合には措置が機能せず，加配教員なしでは校内の体制が物理的に整わないなどの問題もある。措置件数の僅少さをみればシステムとして機能しているとは言い難い。指導の中心は教師による説諭であるが，回答者の91％が「従来の生徒指導の方法のみでは限界がある」と回答した教職員調査（清水，2004）も報告されている。新しい生徒指導体制を整備し，子どもたちが安心して学べる教育環境を確保することが喫緊の課題である。

　以上の課題意識から筆者は，学校を社会全体で組織的に支える米国の仕組みを調査研究してきた。学校に関する法の包括的体系であるスクールロー（School Law）のもと，社会全体で組織的・構造的に生徒規律規定（Student

Discipline Code）を共有し規範意識を醸成しようとする米国の取り組みから得る示唆は大きい。

本章では，米国が国をあげて安全な学校環境の確保と学力向上に取り組む中，特に目覚ましい成果がみられたニューヨーク市の教育改革の事例を取り上げる。

米国の学校教育を支えるスクールロー

ニューヨーク市の教育改革について述べる前に，まず米国の公立学校教育について概観しておこう。米国では教育は州の専管事項であり全国一律の学校制度は存在しない。義務教育の年限も各州によって異なる。しかし，米国の公立学校教育全体に普遍的な学校管理規範としてスクールローが存在する。

スクールローは，合衆国憲法，連邦法，最高裁判決等の判例の他，州法や自治体の法律から普遍的に抽出される内容によって構成される。それは，実際の学校運営や生徒指導を行う際に，いかなる根拠に基づいた要件を満たすべきかを判断する拠り所となる。その運用については，教育環境で起こり得る個別具体的な事象について予見可能性を重視した解説が明快かつ詳細になされている。

現在の学校運営に大きな影響を与えている主な連邦法として，「銃のない学校法（Gun-Free Schools Act, 1994）」「どの子も置き去りにしない学校法（No Child Left Behind, 2001）」が挙げられる。これらの連邦法によって，学校には子どもの安全確保と学力向上の具体策とその成果についての説明責任が従前に増して求められてきた。連邦法そのものに強制力はないが，連邦法に関連する教育プログラムの資金を州が受領する要件となるため，州は連邦法を反映した法を制定し運用している（星野，2008）。

米国が国をあげて取り組んできたそれら一連の教育政策の結果，近年ではより政策環境が複雑である大都市においても教育環境整備と学力向上が認められるようになってきた（U.S. Department of Education, 2009）。

教育再生を果たしたニューヨーク市―ブルームバーグ市長の教育改革―

(1) 安全な教育環境の確保を施策の基本として

　大都市の中でも特にニューヨーク市の取り組みは全米で高く評価されている。それは2001年に就任し教育改革を指揮したブルームバーグ市長（Michael Bloomberg）によるところが大きい。彼は就任後ただちに首長による教育権限の獲得（Mayoral Takeover）に関する法案を州議会に提出し，任期中に限るという条件付きで議会を通過させた。その結果，市内の32の地域教育委員会等の権限は廃止され，2002年より市の公立学校教育を市長が総括することとなった。

　市長は「子ども第一（Children First）」のスローガンのもと，「何よりもまず，生徒と教員のために学校は安全で秩序ある環境になければならない」「生徒も教員も，暴力の脅威の中では学ぶことも教えることもできない」と述べて「安全な教育環境の確保」を最優先事項に挙げ，市民の理解と協力を促している（The New York Beacon, 2002年10月2日）。重点的な取り組みの結果，取り組み開始からわずか1年半で市内の3分の2の中学・高校からは規律指導に関する問題がなくなり，15％の学校で事件の発生件数は半減した（New York Times, 2004年1月9日）。また，その翌年には，市長の教育政策によって学校のみならず街全体も以前より安全になったと報道されている（New York Times, 2005年10月5日）。特に危険な学校に指定された4校においても重大犯罪82％減，暴力行為72％減，窃盗96％減，凶悪な暴行73％減，軽微な暴行57％減（いずれも前年度比）との成果が報告されている（US State News, 2006年4月13日）。

　その功績が評価され，2007年，市長は都市部の学区を全米で最も改善したとして表彰を受けている。また，全米50都市を対象に独立安全認証機関が犯罪率等25項目の指標で評価した調査研究の結果，かつて全米で最も危険な街の一つと言われたニューヨーク市は「子どもをもつ家族にとって最も安全な街」としての評価を受けるに至っている（Underwriters Laboratories, 2010）。

(2) 安全を確保するための機能的な体制構築

ブルームバーグ市長は教育環境改善のために何よりも現状把握と即時対応を重視した。前任のジュリアーニ市長は情報収集を機能的に行うため，スクールセーフティ（学校安全職員）を教育局からニューヨーク市警察の管轄へと移動させていた。ブルームバーグ市長はさらなる迅速な対応をめざし，市警察と教育機関の新しい情報収集と分析の方法を開発し，各学校管理職に校内で発生した問題事象について発生件数，発生場所等の情報をその日のうちにインターネットで教育局へ報告することを求めた。この数値を故意に操作した場合，管理職は職責を問われることとなる。それは，この数値がスクールポリスの巡回頻度，常駐させる職員数などを算出する諸施策の重要な根拠となるためである。

市長は，「学校は暴力行為が許容される場であってはいけない」と繰り返し発信するとともに，段階的指導と予防的介入，きめ細やかな教育支援を一体的に推進している。段階的指導については，ニューヨーク市警察が落書きや壊れた窓を放置せず即時に修復して大きな犯罪の発生率を減少させた「割れ窓理論」の実践的経験から，教育の場においては日常の暴言等を放置せずに対応し，より深刻な事件を未然に防止する方針を打ち出した。また銃や刃物などの危険物の校内への持ち込みや，他の生徒や教職員を負傷させるに至る深刻な暴行についてはゼロ・トレランス方針で臨み，身の安全を脅かす暴力を断固として許さない方針を示した。また，「3回の違反で放校政策（three-strikes-and-you're-out -policy）」を周知徹底し，一定期間に2回の停学措置を受けた場合，3回目の違反行為が比較的軽微なものであっても就学先を変更することを示した。

(3) 危機介入の手立て

問題行動の発生状況や停学率，欠席率がある基準を超えた学校は，「インパクトスクール」の指定を受け，5日間以内に専門の危機介入チームが投入される。危機介入チームは管理職や教職員とともに学校改善計画を作成する。必要があればスクールポリスやスクールセーフティが重点的に配置され，2週間ごとに改善状況が基準に照らして検討され，改善が認められれば指定は解除となる。

筆者が2010年にニューヨーク市教育局の学校・青少年育成部局（School and Youth Development）に行った聞き取り調査によれば，インパクトスクールの

指定と危機介入の目的は,「生徒を厳しく取り締まること」ではなく,あくまでもインパクトスクールの学校文化,すなわち生徒,保護者,教職員が日々とる方法を修正することにある。介入チームは,市規準および学校の指導方針が予防的に機能するよう関係者の意識と行動の変容を目指す。近年は諸施策の奏功により市全体の教育環境が安定し,インパクトスクールに指定される学校も開始当時の2004年より年々減少し,調査研究もほとんどみられなくなっている。

(4)「説明責任を果たす」生徒指導基準（市基準）の役割

ニューヨーク市の公立学校教育において,教育局が毎年改訂する「市全体における教育支援的介入と規律措置基準（Citywide Standards of Intervention and Discipline Measures）」(以下,市基準）の役割は欠かせない。市基準は,生徒,保護者をはじめ一般市民に公立学校教育の生徒指導への共通理解を図り,それぞれの立場での協力を要請する手立てとして重要な生徒指導の基準である。

市基準の内容は主に「生徒の権利と責任についての宣言（Bill of Student Rights and Responsibilities）」と「生徒規律規定（The Discipline Code）」から構成されている。生徒規律規定は,幼稚園児から5年生対象のものと6年生から12年生を対象としたものの2種類があるが,ほぼ同じ内容である。問題行動はその内容と程度から5段階に分類され,各段階に応じた教育支援的介入の種類と学校の規律指導の範囲が示されている。管理職は生徒の状況を十分考慮し,示された範囲の中で当該生徒にどの指導が適切か判断して規律措置を実施する。公立学校に通学する生徒とその保護者は,個人的な見解や価値観等を理由に市規準が示す生徒規律規則に従わない,ということは許されない。規則の内容や措置に不服がある場合は訴訟により訴えることできるが,裁判所で決定された判決には従う必要がある。したがって,合理的な理由なく規則や措置を無視することはできない。

ニューヨーク市が現在の形式で市基準を作成したのは2001～2002年である。それ以前にも基準は存在したが現在のように多くを網羅していなかった。現在の市基準には毎年1回市民からの公開意見聴取があり,そこでの意見や専門家との協議,司法当局からのレビュー等を総合し,教育局は生徒指導基準の作成を行う。2010年度版からは,前年度まで右欄にあった「教育支援的介入」を中

央欄の「規律措置の範囲」と入れ替え，表の中心に据えた（当該部局の許可を得て，2011年度版の6年生から12年生用の基準の邦訳を章末に掲載：表1，表2）。当該部局に変更の理由をたずねたところ，「学校の主たる機能は育成にあるという趣旨から変更した」との回答を得た。市全体の学校の安全性が向上し，関係者の意識の中心が充実した教育支援へと移行する現状の反映ともみることもできよう。

　ブルームバーグ市長の一連の教育政策の結果，ニューヨーク市はかつてない学力向上と卒業率の向上を達成した。教育局のウェブサイトでは，内外の評価機関によるさまざまな効果測定の結果が逐次情報公開されている。特に，ニューヨーク市公立学校に通う生徒，保護者，教員を対象に約60万票を回収した学習環境調査（Learning Environment Survey; New York City Department of Education, 2007）では，保護者の90％が教員の資質に満足，84％が学校との連携体制に満足，生徒の88％が「先生たちは自分の成功のために力になってくれる」と回答し，教員の84％が学校を安全と感じている。

おわりに

　ニューヨーク市の成功因は以下の5つに集約できる。それは，1) スクールローを基盤とした具体的かつ詳細な市基準の明文化，2) 教育関係者からの詳細な情報収集と正確な実態調査の実施による共通理解の獲得，3) 機能的な体制の迅速な構築，4) 市長の継続的な教育方針発信による市民の主体者意識の向上，5) 支援・指導・措置を有機的に結びつけ，問題行動の未然防止を重視した包括的アプローチの実施，である。市基準は，生徒の権利について詳細に示す一方，「これらの権利が保障されるのは生徒が責任ある行動をとる場合のみである」として，安全な教育環境の保全のために生徒も保護者も責任を負っていることを示す。わが国も信頼性の高い実態調査に基づき包括的な生徒指導基準を開発し，広く共通理解を得て協働体制を整える必要がある。

高見砂千（大阪市教育センター）

【文献】

Essex, N. L. 2005 *A teacher's pocket guide to school law*. (2nd ed.) New Jersey: Pearson Education.（星野　豊（監訳）斎藤　桂・清水佐知他（訳）　2008　スクールロー　学事出版）

文部科学省　2011　児童生徒の問題行動等生徒指導上の諸問題に関する調査

New York City Department of Education　2007　Learning Environment Survey <http://schools.nyc.gov/Accountability/tools/survey/2007survey.htm>

清水佐知　2004　教職員の職務実態と環境に関する調査　青少年育成事業研究所

U.S. Department of Education　2009　National Assessment of Education Progress Trial Urban District Assessment.

Underwriters Laboratories　2010　Safest Cities for Families with Young Children.

表 1　生徒への介入と規律指導規則

6－12 年生　レベル 1

違反行為─登校行動	教育指導・支援的介入 (Guidance Interventions)	教育指導・支援的介入に加えて実施される規律措置 (Disciplinary Responses) の可能な範囲
B01　無断欠席（A－D のみ） B02　服装違反（制服の着用方針のある学校で、保護者の例外申請がない 6-12 年生に限る。A－D のみ） B03　欠課（学校へ連絡した上での 1 つ以上の授業欠席） B04　学校または授業への遅刻 B05　学校への持込みが禁止されている物品の許可のない持込み（例：携帯電話や他の通信機器やゲーム機） B06　校内いるべき場への不在 B07　教育の過程を阻害するような行動（例：教室、図書館、廊下で著しく騒ぐなど） B08　失礼な言葉や不敬行為 B09　教育の過程の安全性を脅かしたり阻害したりするような服装、かぶりもの（キャップやハット）などを身につけること B10　文書化された教育局の政策や学校規則を侵害する内容の学校内での掲示や配布 B11　学校職員への身分証の不提示 B12　学校のコンピューターやファックス、電話やその他の電子機器の適切な許可のない使用	・保護者への連絡 ・カウンセリング会議 ・ガイダンススタッフによる介入 ・修復的アプローチ（restorative approach） ・ポジティブな行動への介入と支援（PBIS） ・個人／グループカウンセリング ・ピア・メディエーション ・メンタリング・プログラム ・葛藤解決 ・一人ひとりの行動の約束の作成 ・短期の行動の改善記録 ・PPT（Pupil Personnel Team、生徒指導チーム）の紹介 ・コミュニティサービス（保護者の同意のもと） ・地域基盤組織（CBO, Community Based Organization）の紹介	A. 学校の教員による戒告 B. 生徒／教員の会議 C. 適切なスーパーバイザーによる戒告（例：教頭、校長） D. 保護者懇談 E. 学校内での規律指導（例：放課後の居残り、教育課程外活動や休憩時間またはみんなと一緒の昼食時間の禁止） F. 教員による教室からの退室（教員による退室が、2 学期制の前期に 3 回、または 3 学期制の 1 学期に 2 回あった場合、その生徒が引き続き教員に退室を求められるような行動にかかわるなら、校長による停学による学校が行われなければならない）

付表 149

6－12年生　レベル2

違反行為－乱暴な破壊行動

- B13 喫煙またはマッチやライターの所持（A－Dのみ）
- B14 賭け事
- B15 下品、卑猥、汚い言葉やジェスチャーの使用
- B16 学校職員に嘘や虚偽の情報を伝えて判断を誤らせること
- B17 他人の所持品の乱用
- B18 スクールバスの中での破壊的な行動や暴動への関与
- B19 *レベル1の行動を繰り返す場合（学校職員において何度も繰り返す場合、レベル2の規律措置をする前に、レベル1の規律措置を、可能な限り尽くさねばならない。また、レベル1の違反を繰り返しに対する措置は、レベル2の措置のみに限られる。）

*これは、6年生から12年生のレベル1、B05－B12の違反のみに限る。

教育指導・支援的介入

- 保護者への連絡
- カウンセリングスタッフによる介入
- ガイダンス会議
- 修復的アプローチ
- ポジティブな行動への介入と支援（PBIS）
- 個人／グループカウンセリング
- ピア・メディエーション
- メンタリング・プログラム
- 意識解消
- 一人ひとりの行動の改善約束の作成
- 短期的な行動の改善記録
- PPT（生徒指導チーム）の紹介
- コミュニティサービス（保護者の同意のもと）
- 地域基盤組織（CBO）の紹介
- 麻薬乱用に関する適切なカウンセリングサービスの紹介
- 若者の人間関係上の虐待、性的暴力に関するカウンセリングサービスの紹介
- 偏見によるいじめ、脅し、嫌がらせに関するカウンセリングサービスの紹介

停学から復帰する生徒への支援

停学から復帰する生徒は学校コミュニティにおいて社会的、学力上の基準を達成できる能力を最大限に発揮できるようなサービスの提供を受けることができる。支援サービスは、個々の生徒のニーズに最も通するように、あらゆる教育支援の介入やサービスの組み合わせを含む。

教育指導・支援的介入に加えて実施される規律措置の可能な範囲

- A. 学校の教員による戒告
- B. 生徒／教員の会議
- C. 適切なスーパーバイザーによる戒告（例：教頭、校長）
- D. 保護者懇談
- E. 学校内での規律措置（例：放課後の居残り、教育課程外活動や休憩時間はみんなと一緒の昼食時間の禁止）
- F. 教員による教室からの退室（教員による退室が、2学期制の前期に3回、または3学期制の1学期に2回あった場合、その生徒が引き続き教員に退室を求められるような行動にかかわるなら、校長による停学が行われなければならない）
- G. 1-5日間の学校長停学

6－12年生　レベル3

違反行為－深刻に破壊的な行動	教育指導・支援的介入	教育指導・支援的介入に加えて実施される規律措置の可能な範囲
B20 反抗的な態度や学校職員や学校離脱（School Safety）の法執行に対する公然たる反抗や不服従	・保護者への連絡 ・カウンセリングスタッフによる介入 ・ガイダンス会議 ・修復的アプローチ ・ポジティブな行動への介入と支援（PBIS） ・個人／グループカウンセリング ・ピア・メディエーション ・メンタリング・プログラム ・意識解放 ・一人ひとりの行動の約束の作成 ・短期の行動の改善登録記録 ・PPT（生徒指導チーム） ・コミュニティサービス（保護者の同意のもと）の紹介 ・地域基盤組織（CBO）の紹介 ・麻薬乱用に関する適切なカウンセリングサービスの紹介 ・若者の人間関係に関する信頼、性的暴力に関するカウンセリングサービスの紹介 ・偏見によるいじめ、脅し、嫌がらせに関するカウンセリングサービスの紹介	A. 学校の教員による戒告 B. 生徒／教員の会議 C. 適切なスーパーバイザーによる成告（例：教頭、校長） D. 保護者懇談 E. 学校内での規律指導（例：放課後の居残り、教員と一緒の昼食課程外活動や休憩時間または休憩時間の禁止） F. 教員による教室からの退室（教員による退室は3回、または3学期制の1学期に2回あった場合、その生徒が引き続き教員にかかわるなら、校長を求めたような行動にかかわらないればならない） G. 1-5日間の学校長停学 H. 地区教育長による即できる6-10日間の停学 I. 地区教育長による停学
B21 許可なく学校施設へ立ち入る、または立ち去ろうとする		
B22 実質的な、または見かけの人種、民族、肌の色、れた国、市民か移民かという立場、ジェンダー、ジェンダーの指向、性的指向、障害を視認または、それと似た人を後ろから乱暴に押す、押しのける、または投げる（例：チョーク、口論、他人につばをはく（C-Iのみ）、噂にはB37を適用）		
B23		
B24		
B25 文書化された学校規則に反して、許可されていない訪問者を学校に連れてくる、ジェスチャーやサイン（C-Iのみ）(D-Iのみ)		
B26 *キャンプ関連行為（例：キャンプ中に制服を着する、落書きをする、ジェスチャーやサインをする）(D-Iのみ)		
B27 コンピューターや他の電子機器、またはそれ以外の何らかの方法によって、学校の記録や書類を許可なく変更する、すりかえる		
B28 **公共物の汚損、落書きや他、学校の施設やスタッフ・生徒・他人の所有物に意図的に損害を与える		
B29 許可なく、他人の所有物を意図的に損害を与える		

停学から復帰する生徒への支援

停学から復帰する生徒は学校コミュニティにおいて社会的、学力上の基準を達成できる能力を最大限に発揮できるべきである。支援サービスの提供を受けるべきである。支援サービスは、個々の生徒のニーズに最もするように、あらゆる教育支援的なサービスの組み合わせを含む。

* ある行為がキャンプに関連するかどうか判断するには、学校職員は「学校、青少年育成局キャンプ課」にご相談ください。
** もし長期的な修復を必要とする重大な損害を施設に与えた場合、スーパーインテンデントは30日から90日間の停学期間が終了したのち、自動的にさらに30－60日間の停学を措置することができる。

付　表　151

6－12年生　レベル3の続き

違反行為―深刻に破壊的な行動	教育指導・支援的介入	教育指導・支援的介入に加えて実施される規律措置の可能な範囲
B30　学校内や学校関連の施設での性的行為への関与 B31　教育局のインターネット使用方針違反（例：教育システムの目的外使用、セキュリティ／プライバシー違反） B32　次を含み、次に限らない学業上の不正への関与 　a．カンニング（他人のテストから写す、テスト監督者が認めていない物をテスト中に用いる、許可なくテスト中に他の生徒と共同で取り組む、実施されていないテストの移動・売買、売買いなどを意図的にするために賄賂を使うこと、事前にテストのコピーを手に入れること） 　b．必要な引用や出典を明記せず剽窃する（他人の成果を私用に供し単位の獲得に使用すること、例えばインターネットや他の情報源から文章をコピーして共謀、名誉を獲得するための成果物を準備すること） 　c．共謀（単位を獲得するための書面による成果物を準備する際に、他人と共謀して不正行為を行うこと） B33　名誉を毀損する物や文章を投函する、ばらまく（インターネット上への投稿も含む） B34　レベル2の措置を同じ学年の年度内においてしつこく繰り返す場合、レベル3の学校職員はレベル3の規律措置をする前に、レベル2の措置を、可能で適切な時にも尽くさねばならない。また、レベル2の違反の繰り返しに対する措置は、レベル3の措置のみに限られる。	・保護者への連絡 ・カウンセリングスタッフによる介入 ・ガイダンス会議 ・修復的アプローチ ・ポジティブな行動への介入と支援（PBIS） ・個人／グループカウンセリング ・ピア・メディエーション ・メンタリング・プログラム ・葛藤解決 ・一人ひとりの行動の約束の作成 ・短期の行動の改善記録 ・PPT（生徒指導チーム）の紹介 ・コミュニティサービス（保護者の同意のもと） ・地域基盤組織（CBO）の紹介 ・麻薬乱用に関する適切なカウンセリングサービスの紹介 ・名著の人間関係による虐待、性的暴力に関するカウンセリングサービスの紹介 ・偏見によるいじめ、脅し、嫌がらせに関するカウンセリングサービスの紹介 **停学から復帰する生徒への支援** 停学から復帰する生徒は学校コミュニティにおいて社会的、学力上の基準を達成できる能力を最大限に発揮できるように支援的なサービスの提供を受けるべきである。支援サービスは、個々の生徒のニーズに最も適するように、あらゆる教育的介入やサービスの組み合わせを含む。	A．学校の教員による戒告 B．生徒／教員の会議 C．適切なスーパーバイザーによる戒告（例：教頭、校長） D．保護者懇談 E．学校内での規律指導（例：放課後の居残り、教育課程外活動や休憩時間または生徒と一緒の昼食時間の禁止） F．教員による教室からの退室（教員による退室、2学期制の前期に3回、または3学期制の1学期に2回あった場合、その生徒が引き続き教員に退室を求められるような行動にかかわるなら、校長による停学が行われなければならない） G．1-5日間の学校長停学 H．地区教育長による即座の再審査をともなう停学 I．地区教育長による6-10日間の停学

6－12年生　レベル4

違反行為－危険もしくは暴力的な行動	教育指導・支援的介入	教育指導・支援的介入に加えて実施される規律措置の可能な範囲
B35* 性的なことを暗に示すようなコメント、皮肉、誘い言葉、それに似たことを言う、つまり、公共の場でのみだらな、なでる、性的な性質をもつ行為（例えば、触れる、なでる、つまり、公共の場でのみだらな、わいせつな行為をとる）、性的なことをほのめかすメッセージ画像の送付や貼り出し）をする	・保護者への連絡 ・カウンセリングスタッフによる介入 ・ガイダンス会議 ・修復的アプローチ ・ポジティブな行動への介入と支援（PBIS）	D. 保護者懇談 E. 学校内での規律指導（例：放課後の居残り、教育課程外活動や休憩時間はみんなと一緒の昼食時間の禁止）
B36 暴力、傷害、危害のおそれを含む文章や物の貼り出し・配布、または生徒または職員のみだらな、下品・わいせつな絵を描く（インターネット上の投稿も含む）	・個人／グループカウンセリング ・ピア・メディエーション ・メンタリング・プログラム	F. 教員による教室からの退室（教員による退室が3回、または3学期制の1学期に2回あった場合、その生徒が引き続き教員を一緒にかかわるよう求められるような行動がかかわるなら、校長による停学が行われなければならない）
B37 軽度の傷害を引き起こす、または潜在的なリスクのある、騒動の小さな口論や身体的な攻撃行為への関与（G-Jのみ）	・葛藤解決 ・一人ひとりの行動の約束の作成 ・短期の行動改善記録	G. 1-5日間の学校停学
B38 他人への暴力・傷害・危害強制または威嚇行為への関与	・PPT（生徒指導チーム）の紹介 ・コミュニティサービス（保護者の同意のもと）	H. 地区教育長による即座の再審査をともなう停学 I. 地区教育長による6-10日間の停学
B39 ** スクールバスにおける傷害を引き起こす行為ですか、その潜在的リスクがあるような破壊的な行為への関与	・地域基盤組織（CBOの紹介）	J. 地区教育長による30-90日間の停学に結びつく停学（30-60日後の再審査あり）
B40 脅しやいじめを***（生徒や教職員に、インターネットによるいじめを含む）してうけ回す・抑圧・強制への関与、実際のまたは見てうけ回す・抑圧・強制への関与、実際のまたは見た目の人種・民族・出生地・市民的移民ステータス・立場・ジェンダー表現・性的志向・障害に関わると中傷であるだろう名のもとの嘲りやいやがらせ	・若者の人間関係上の宣伝、性的暴力サービスの紹介 ・麻薬乱用に関する適切なカウンセリングサービスの紹介 ・偏見によるいじめ、脅し、嫌がらせに関するカウンセリングサービスの紹介	K. 地区教育長による1年間の停学と代替プログラム（6ヶ月後の再審査あり） L. 地区教育長による1年間の停学と代替プログラム（期間中の再審査なし）
B41 規制されている物品の許可しない所有、違法ドラッグ、ドラッグ使用に伴う物品、アルコールの所有	**停学から復帰する生徒へのサービス** 停学から復帰する生徒は学校コミュニティにおいて社会的、学力上の基準を達成できる能力を最大限に発揮できるように支援のなかでサービスの提供を受けるべきである。支援サービスは、個々の生徒のニーズに最も適するように、あらゆる教育支援的介入やサービスの組み合わせを含む。	M. 放校（7月1日以前に17歳未満である一般教育を受ける生徒のみ）
B42 火災報知器や他の災害報知器の不正な作動（D-Jのみ）		
B43 爆発物による脅し		

* B35-43のみ。D-Mの措置の範囲となる
** 教育長規則A-801により学校バスの使用を禁ずる
*** テキストの書き込み、Eメール、インスタントメッセージなど、電子機器を用いたいじめのやや脅し

付表　153

6‐12 年生　レベル 4 の続き

違反行為―危険な、もしくは暴力的な行動	教育指導・支援的介入	教育指導・支援的介入に加えて実施される規律措置の可能な範囲
B44* 許可のない他人の所有物の持ち去り、または持ち去ろうとする行為（D-J のみ）	・保護者への連絡 ・カウンセリングスタッフによる介入 ・ガイダンス会議 ・修復的アプローチ（restorative approach） ・ポジティブな介入と支援（PBIS） ・個人／グループカウンセリング ・ピア・メディエーション ・メンタリング・プログラム ・葛藤解決 ・一人ひとりの行動の改善記録 ・短期の行動指導チーム ・PPT（生徒指導チーム）の紹介 ・コミュニティサービス（保護者の同意のもと） ・地域基盤組織（CBO, Community Based Organization の紹介） ・麻薬乱用に関する適切なカウンセリングサービスの紹介 ・若者の人間関係上の虐待、性的暴力に関するカウンセリングサービスの紹介 ・偏見によるいじめ、脅し、嫌がらせに関するカウンセリングサービスの紹介 停学から復帰する生徒への支援 停学から復帰する生徒は学校コミュニティにおいて社会的、学力上の基準を達成できるよう能力を最大限に発揮できるように支援されるべきである。支援サービスは、個々の生徒のニーズに合うように、あらゆる教育支援的介入やサービスの組み合わせを含む。	教育指導・支援的介入に加えて実施される規律措置の可能な範囲 D. 保護者懇談 E. 学校内での規律指導（例：放課後の居残り、教育課程外活動や休憩時間またはみんなと一緒の昼食時間の禁止） F. 教員による教室からの退室（教員による退室が 2 学期制の前期に 3 回、または 3 学期制の 1 学期に 2 回あった場合、その生徒が引き続き教員に退室を求められるような行動にかかわるなら、校長による停学が行われなければならない） G. 1-5 日間の学校外停学 H. 地区教育長による即座の再審査をともなう停学 I. 地区教育長による 6-10 日間の停学 J. 地区教育長による 30-90 日間の停学 (30-60 日間後の再審査あり) K. 地区教育長による 1 年間の停学と代替プログラム（6ヶ月後の再審査あり） L. 地区教育長による 1 年間の停学と代替プログラム（期間中の再審査なし） M. 放校（7 月 1 日以前に 17 歳未満である一般学生を受ける生徒のみ）
B45* 粗暴な行動や、身体的な怪我を引き起こす可能性のある物品（例えば、ライター、ベルトのバックル、傘など）を用いて、深刻な傷害を発生させるような潜在的なリスクを作り出すこと（D-M）		
B46 粗暴な行動や、身体的な怪我を引き起こす可能性のある物品（例えば、ライター、ベルトのバックル、傘など）を用いて、深刻な傷害を発生させること（G-M のみ）		
B47 放火（H-M のみ）		
B48 暴力的な扇動や暴動行為（G-M のみ）		
B49 ** カテゴリー II に定義される武器の所有や販売（G-M のみ）		
B50* 規制されている物品の許可のない使用、または違法な ドラッグ・アルコールの使用（D-M）		
B51 *** レベル 3 の行動を同じ学年度内において何度も繰り返す場合（学校職員はレベル 4 の規律措置をとる前に、レベル 3 の措置を、可能で適切な時に尽くさねばならない。また、レベル 3 の違反の繰り返しに対する措置は、レベル 4 の措置のみに限られる）。（G-J のみ）		

* 上にも示したように、B44,B45,B50 の違反に対する規律措置は D から始まるものとする。
** カテゴリー II に挙げられる物品のうち、爪ヤスリなど、身体的な危害を加える以外の目的が存在する物品の所有については停学を要求する前に、措置は措置の目的を軽減する要素がないか考慮せねばならない。加えて、模造銃については、色や形、見た目、形、重さなどの要素について検討し、本物の銃に見えるかどうかを校長は考慮しなければならない。
*** これは 6-12 年生のレベル 3B21-B33 の違反に対してのみ適用する。

6－12年生　レベル5

違反行為－深刻に危険な、もしくは深刻に暴力的な行動	教育指導・支援的介入	教育指導・支援的介入に加えて実施される規律措置の可能な範囲
B52　暴力による威嚇や暴力行為により、他人の所有物をとる、またはとろうとする B53　学校職員やスクールセーフティ職員への暴力行為、深刻な損害、または傷害を負わせようとする B54　過度の暴力使用、生徒や他の者への深刻な損害を負わせる行為、または負わせようとする行為 B55　他の生徒と一緒に集団暴力事件を計画、参加 B56　＊ギャングに関連する脅しや危険行為、暴力行為の関与を強制する B57　身体的な攻撃や暴力、脅しや他人に性的な行為を強制することへの関与 B58　違法ドラッグを規制されている物品やアルコールの販売や配布 B59　カテゴリーIに定義される銃器以外の武器の所有、販売 B60　学校職員、生徒、他人への脅しや、傷害を与えるためのカテゴリーIIに定義される武器の使用 B61　＊＊学校職員、生徒、他人への脅しや、傷害を与えるための、カテゴリーIに定義される銃器以外の武器の使用（17歳未満の学年途中の生徒には、17歳になる学年を終えた一般生徒にはM） B62　＊＊学校職員、生徒、他人に傷害を与えるための、カテゴリーI・IIに定義される銃器以外の武器の使用（17歳未満の学年途中の生徒には、17歳になる学年を終えた一般生徒にはM） B63　＊＊銃器の所有や使用（17歳未満の学年途中の生徒には、17歳になる学年を終えた一般生徒にはM）	・保護者への連絡 ・カウンセリングスタッフによる介入 ・ガイダンス会議 ・修復的アプローチ（restorative approach） ・ポジティブな行動の介入と支援（PBIS） ・個人／グループカウンセリング ・ピア・メディエーション ・メンタリング・プログラム ・葛藤解決 ・一人ひとりの行動の約束の作成 ・短期的行動の改善記録 ・PPT（生徒指導チーム）の紹介 ・コミュニティサービス（保護者の同意のもと） ・地域基盤組織（CBO、Community Based Organization）の紹介 ・麻薬乱用に関する適切なカウンセリングサービスの紹介 ・若者の人間関係での虐待、性的な暴力に関するカウンセリングサービスの紹介 ・偏見によるいじめ、脅し、嫌がらせに関するカウンセリングサービスの紹介 **停学から復帰する生徒への支援** 停学から復帰する生徒は学校コミュニティにおいて社会的、学力上の基準を達成できる能力を最大限に発揮できるように支援のサービスの提供を受けるべきである。支援サービスは、個々の生徒のニーズに適うように、あらゆる教育支援の介入やサービスの組み合わせを含む。	I. 地区教育長による6-10日間の停学 J. 地区教育長による30-90日間の停学（30-60日間後の再審査あり） K. 地区教育長による1年間の停学と代替プログラム（6ヶ月後の再審査あり） L. 地区教育長による1年間の停学と代替プログラム（期間中の再審査なし） M. 放校（7月1日以前に17歳未満である一般教育を受ける生徒のみ）

＊行動がギャング関連かどうか判断する際には、学校・青少年育成局ギャング課へお問い合わせください。

＊＊この規律に関する評価は、事例によって部分的に変更する可能性がある。

表2 禁止されている武器

カテゴリーI	カテゴリーII
・ピストル、ハンドガン、サイレンサー、電気ダーツ、スタンガンを含む銃器 ・ショットガン、ライフル、マシンガン、またはそれらに似たようなマシンガンのように使用できるであらゆる武器 ・エアガン、ばね式銃、またはパネや空気で押し出される道具や武器、装填されたカートリッジや空のカートリッジを用いる(BB弾銃やペイントボール銃のような)あらゆる武器 ・飛び出しナイフ、小剣、重量のあるナイフ、バリスティックナイフ(射出できるナイフ)、鞘に収められた刀 ・短剣、小剣、ダークナイフ、レーザー、ボックスカッター、ケースカッター、万能ナイフ、その他すべてのナイフ ・警棒、小型の棍棒、棍棒、棒、メタルナックル ・サンドバッグ、サンドクラブ ・ぱちんこ(付属するバ小さくて重い分銅を皮ひもで飛ばしたりする もの)、皮の先に重い分銅をつけた凶器 ・戦うための武器。クンフーの星型、ヌンチャク、手裏剣を含む ・爆発物。爆弾、爆竹、人をおどろかせるものを含む	・酸性の危険な化学物質(ペッパースプレー、痴漢など撃退用の催涙ガス) ・銃や武器の模造品 ・装填されたまたは空のカートリッジと他の弾薬 ・電気ショックを与えるペンや、人に衝撃を与える武器 ・レーザービームポインター ・武器として使用すると危険なあらゆる器具、人を死に至らしめることができ、尖状をした危険なあらゆる器具(はさみ、爪やすり、壊れたグラス、チェーン、ワイヤー) *カテゴリーIIに挙げられている物品の所有により停学を要求する前に、例えば爪やすりなどは、身体的な危害という違反項目以外の目的が存在するので、校長は軽減する要素がないかどうかを考慮しなければならない。加えて、校長は模造銃が本物らしく見えるかどうかを、その色、サイズ、形、見た目、重さなどで考慮しなければならない。

事項索引

あ

IEP　*101*
　　——チーム　*89*
　　——目標　*106*
アスペルガー障がい　*84*
アセスメント　*30*
当たり前の教育論　*34*
アメリカ 2000 教育戦略　*34*
RTI（Response to Intervention）　*91, 101*
アンガー・マネジメント　*26*
安心感　*27*
安心して学べる教育環境　*141*
安全感　*27*
安全管理　*25*
安全教育　*25*
安全な教育環境の確保　*143*
EXIT（立ち去る）法　*40*
いじめ　*36*
　　——加害者像　*39*
　　——対策要綱　*40, 43*
　　——対処学習　*43*
　　——被害者像　*39*
　　——防止のための学級活動　*26*
　　——防止のための班長会議　*50*
一次的援助サービス　*3*
一次予防　*25*
イニシャルアセスメント　*4*
違法情報　*68*
因果関係　*57, 64*
インターネット　*67*
インパクトスクール　*144*
ウイルス　*73*
ウェブサイト　*67*
ウェブページ　*70*
運営委員会（マネジメント委員会）　*11*
S-HTP 法　*46*
ADHD　*84*
援助サービス　*15*
応用行動分析学　*77*
オルタナティブ（代替的）　*122*
オルタナティブスクール（Alternative School）　*122, 123*

か

解決　*57*
　　——方法への展望　*64*
ガイダンスカリキュラム　*5*
開発的教育相談　*131*
外発的動機づけ　*78*
カウンセリング（的）手法　*121, 127*
カウンセリング方式　*43*
学習性無力感　*78*
学力向上　*142*
課題解決的な指導　*2*
価値相対主義　*112*
価値の明確化　*112*
学校安全官（security officer）　*124*
学校安全法（Safe School Act）　*124*
学校管理下　*24*
学校危機　*23*
　　——対応　*29*
学校コンサルテーション　*29*
学校心理学　*18*
学校の対応の悪さ　*127*
学校保健安全法　*23*
カリキュラム（プログラム）マネジャー　*5*
関係諸機関　*17*
「観察」クエスチョン　*60*

観察リクエスト　61
機械的徳目（mechanical virtue）　126
危機　23
　――管理　124
　――管理体制　24-26
危険因子　24-26
規制の廃止や緩和　127
規則と規律（責任と罰）　125
期待される人間像　114
機能　11
　――的アセスメント　82
規範意識　40, 41, 142
基本的信頼感　136
奇妙な教育論　35
キャラクターエデュケーション（品性教育）　126
教育支援的介入　145
教育診断　89
教育相談コーディネーター　2
教育相談主任　19
教育勅語　113
教育の人間化論　34, 120
教育文化　120
教育理念　33
強化随伴性　80
教師たちのバーンアウト　124, 127
教師の権利　124
教師の指導力不足　127
矯正的な指導　122
共通実践　19
共通の価値　112
共通理解　18, 145
協働体制　146
規律措置基準　145
クライシス・マネジメント　25, 26
COOL TOOLS（冷静さを保つ道具）法　41
計画　11
警察官（school police）　124
掲示板　71

ケースマネジメント能力　6
ケースマネジャー　6
ケトルモレイン学校区　94
言語的賞賛　81, 83
言語療法士　89
研修　11
公開意見聴取　145
校外研修　19
校則の緩和や見直し　42
校則の廃止や緩和　38
交通安全　23
行動上のニーズ　104
行動療法　79
行動論的アプローチ　79
校内研修　19
公民教育　111
合理的な理由　145
コーディネーション　7, 18
コーディネーター　17
誤解　64
　――を招く行動　62
国民実践要領　114
心のケア　27
心の専門家　20
個人別教育プログラム（Individualized Education Program）　90
子ども中心主義　34
子どもの安全　141
コミュニケーションスキル　26
コミュニケーションニーズ　104
コラボレーション　20
コンサルテーション　7, 18

さ
災害安全　23
サイコロジカル・ファーストエイド　29
再発防止策　28
作業療法士　89
サポートチーム　6

索　引　159

三項強化随伴性　79
三次的援助サービス　3
三次予防　28
シェーピング　81
叱る　119, 120
市基準の明文化　146
自己規律（Self Discipline）　126
自己効力感　79
自己コントロール感　27
自己責任　126
自殺予防　26
市長の教育政策　143
指導カード　124
児童支援専任教諭　1
自動思考　80
児童生徒理解　3
指導プロトコル　132
指導マニュアル　132
シミュレーション　26
市民性教育　112
社会適応力　129
社会的スキル　26
社会的徳目（social virtue）　126
自由　125
宗教教育　111
出席停止　141
障害児教育基本法（IDEA）　101
消去　85
消極的回避行動　78
消極的生徒指導　131
情報公開　146
情報通信端末　67
情報モラル　67
　──教育　68
人格・社会・健康教育　111
人格教育　113
真の自由（Freedom）　125
進歩主義教育論　34, 120
信頼感　27
信頼関係　119, 120

心理教育　27.30
　──的アセスメント　3
スキル発達表　105
スクールカウンセラー　19, 95
スクールサイコロジスト　89, 95
スクールセーフティ（学校安全職員）　144
スクールソーシャルワーカー　6
スクールロー（School Law）　141
スクリーニング　89
ストレス・マネジメント　26
スパイウェア　73
スモールステップ　81
生活安全　23
制限（規則）　125
　──が最小限に抑えられた環境（Least Restricted Environment）　90
成長を促す指導　2
生徒規律規定　141
生徒行動綱領（student conduct code）　121
生徒指導　11
　──委員会　135
　──コーディネーター　7
　──主事　17
　──主事の役割　11
　──体制　11
　──体制の在り方　127
　──提要　2
　──の基準　145
　──の組織　16
　──の手引　126
　──のリーダー　19
生徒ハンドブック　121
正の強化　80
正の罰　80
生物学的・情緒的・医療的ニーズ　104
責任　125
積極的生徒指導　131
積極的な生徒指導　29

セルフモニタリング　136
ゼロ・トレランス　125, 128, 129, 138, 144
　——方式　38, 129, 138
先人の伝記　115
全体指導計画　11
総合診断チーム（Multi-Disciplinary Team）　92
双方が納得　57
促進的援助　5
測定可能な目標　108
組織　11
尊敬の念　119

た
怠学生徒（トルーアント；Truant）　122
タイムアウト法　85
ダウンロード　73
脱感作療法　79
達成的動機づけ　78
段階的指導　144
チーム援助　20
チームでの支援　28
チェーンメール　71
地区教育委員会（District）　121
チャータースクール　123
注意事項　64
中途退学者　123
治療的教育相談　131
D. オルウエズ法　42
ディテンション　124
データアナリスト　4
テーラーメード型の教育　78
デモンストレーション　57
伝統的教育観　33
伝統的な教育　34
同意書　91
「どうしたらいいの？」クエスチョン　60

道徳の時間　114
トークンエコノミー　81
徳治主義的教育観　36
特別支援教育　97
　——教員　89, 101
特別支援幼児クラス　89
トルーアンシー（truancy；怠学）　123

な
内発的動機づけ　78
「何がどうなったの？」クエスチョン　58
二次的援助サービス　3
二次被害　27
二次予防　26
日常データシート　106
ニューヨーク市の教育改革　142
認知の歪み　80
認知療法　79
ネットショッピング　72
年間指導計画　11
年間計画　135
能力格差モデル　90
ノーイクスキュース（No Excuse；弁解なし）　125

は
排除のない環境（Zero Reject）　90
バズ協同学習　48
パスワード　71
発達障害者支援法　84
ハラスメント　36
ピア・サポート　26
ピア・トレーニング　84
ピア・メディエーション　26
ピア・リンク・ミディエーション（PLM）　57
非管理主義　34
Peace Builder（平和構築者）法　41
皮相的な徳治主義　36

標的スキル　104
フィルタリングシステム　70
不適応行動　79
不登校　123
　——生徒　122
負の強化　80
負の罰　80
フリーウェア　73
プレマックの原理　83
Pre-Referral　91
ブログ　71
プログレッシブディシプリン　125
　——方式　128
分化強化　84
ペア・お絵描きタイム　46
包括的教育援助　103
暴力行為　141
ホームスクール　123
保護者説明会　26
補助員　95

ま
マニュアル　21
マネジメント　15
ミディエーター　64
未発達なスキルのニーズ　104

無料で適切な教育（Free Appropriate Education）　90
メール　67
モニター　64
モラルディスカッション　112
問題行動の未然防止　20

や
有害情報　68
ゆとりの教育　127
予見可能性　142
予防的介入　144
予防的な指導　2

ら
ラポール形成　82
リーディングスペシャリスト　95
理学療法士　89
リスク・マネジメント　25, 26
リベラルな自由　120, 125
レスポンスコスト法　85
連携　11, 20
連邦法　90, 142

わ
割れ窓の理論　44

人名索引

あ

青木多寿子　*113*
東　則孝　*5*
アブラムソン（Abramson, L.）　*78*
新井浅浩　*112*
有門秀記　*52, 57, 63, 65*
生越　達　*9*
池田　実　*101-103, 107*
石川真史　*102*
石隈利紀　*5, 6, 11, 15, 16, 18-20*
市川千秋　*46, 48, 52*
Whitten, E.　*95*
上地安昭　*24*
植山起佐子　*5*
Woodrow, A.　*95*
Esteves, J. K.　*95*
大川　久　*9*
大野精一　*18*
押谷由夫　*112*
オルウエズ（Olweus, D.）　*37, 39, 41, 42*

か

加藤十八　*34, 36, 37, 39, 41, 119, 121, 123-127*
金井　肇　*117*
河村茂雄　*5*
キャプラン（Caplan, G.）　*23*
キルパトリック（Kilpatrick, W.）　*115*
國分康孝　*5*

さ

塩田芳久　*48*
Siegel, M. L.　*108*
品田笑子　*5*
清水井一　*5*

清水佐知　*141*
ジュリアーニ（Giuliani, R.）　*144*
Shores, C.　*90, 92, 95*
スキナー（Skinner, B. F.）　*79*
鈴村眞里　*5*

た

高橋　超　*19*
瀧野揚三　*25*
竹下節子　*112*
田村節子　*6, 20*
Turnbull, P. A.　*90*
Turnbull, R. H.　*90*

は

橋本公夫　*9*
バンデューラ（Bundura, A.）　*79*
深谷和子　*6*
藤村一夫　*5*
ブッシュ（Bush, G.）　*34, 35, 90*
ブルームバーグ, M.（Bloomberg, M.）　*143, 144, 146*
Bender, N. W.　*90, 92, 95*
星野　豊　*142*
本田恵子　*5*

ま

Maanum, L. J.　*90*
三上直子　*46*

や

八並光俊　*4-6*
山上克俊　*52*
山口豊一　*3, 6, 9, 11, 15, 16, 18-20*
横田證眞　*48*

吉田松陰　*114*

ら

Lickona, T.　*113, 115*
リンカーン（Lincoln, A.）　*114*

わ

渡邊　毅　*115*

【監修】
市川千秋（いちかわ・ちあき）
皇學館大学教育学部　専門生徒指導士
［主な業績］「学校での問題をいかに解決するか」（編訳，二瓶社），「効果的な学校カウンセリング」（編訳，二瓶社），「学校で役立つブリーフセラピー」（監訳，金剛出版），「学校を変えるカウンセリング」（監訳，金剛出版），「いじめ解決プログラムに関する研究」（共著，三重大学教育実践研究指導センター紀要15号），「自由バズを取り入れた授業の進め方」（編著，明治図書），「TET教師学」（共訳，小学館），「臨床生徒指導―理論編」（監修，ナカニシヤ出版）

【編集】
八並光俊（やつなみ・みつとし）
東京理科大学理学部　学校心理士スーパーバイザー　ガイダンスカウンセラー
［主な業績］「新生徒指導ガイド―開発・予防・解決的な教育モデルによる発達援助」（共編著，図書文化社），「社会性と個性を育てる　毎日の生徒指導」（共著，図書文化社），「学校心理学ガイドブック　第1版」（共著，風間書房），「教育実践心理学」（共著，ナカニシヤ出版）

宇田　光（うだ・ひかる）
南山大学総合政策学部　学校心理士　専門生徒指導士
［主な業績］「中学校・高校でのブリーフカウンセリング」（監訳，二瓶社），「地域に生きる大学」（共著，和泉書院），「大学講義の改革―BRD（当日レポート方式）の提案」（北大路書房），「ブリーフ学校カウンセリング」（共編著，ナカニシヤ出版）

山口豊一（やまぐち・とよかず）
跡見学園女子大学文学部　学校心理士　臨床心理士
［主な業績］「学校心理学が変える新しい生徒指導」（共編著，学事出版），「チーム援助で子どもとのかかわりが変わる」（共編著，ほんの森出版），「学校心理学ハンドブック」（共著，ぎょうせい），「ヒューマンサービスに関わる人のための学校臨床心理学」（共著，文化書房博文社），「授業改革の方法」（共編著，ナカニシヤ出版）

【執筆分担】

はじめに
1章　八並　光俊（編者）
2章　山口　豊一（編者）
3章　瀧野　揚三（大阪教育大学）
4章　加藤　十八（元愛知県立高等学校長，中京女子大学名誉教授）
5章　市川　千秋（監修）
　　　玉田　尚子（皇學館大学大学院文学研究科）
6章　有門　秀記（皇學館大学）
　　　市川　哲（特別支援教育サポートセンター）
7章　西口　利文（大阪産業大学）
8章　田崎美弥子（東邦大学）
9章　池田　実（ウィスコンシン州ケトルモレイン学校区ダウスマン小学校）
10章　池田　実（同上）
　　　石川　真史（三重県立特別支援学校西日野にじ学園）
11章　渡邊　毅（皇學館大学）
12章　加藤　十八（同上）
13章　西山　久子（福岡教育大学）
14章　高見　砂千（大阪市教育センター）
コラム1　山口　豊一（編者）
コラム2　山口　豊一（編者）
コラム3　三枝　将史（埼玉県所沢児童相談所）
コラム4　桜井　禎子（特別支援教育サポートセンター）
コラム5　宇田　光（編者）
コラム6　宇田　光（編者）
コラム7　宇田　光（編者）

学校心理学入門シリーズ 4
臨床生徒指導
──応用編

2012 年 7 月 20 日　初版第 1 刷発行　（定価はカヴァーに
2021 年 4 月 20 日　初版第 2 刷発行　　表示してあります）

　　　　　監　修　市川千秋
　　　　　編著者　八並光俊
　　　　　　　　　宇田　光
　　　　　　　　　山口豊一
　　　　　発行者　中西　良
　　　　　発行所　株式会社ナカニシヤ出版
　　　〒606-8161　京都市左京区一乗寺木ノ本町 15 番地
　　　　　　　　　Telephone　　075-723-0111
　　　　　　　　　Facsimile　　075-723-0095
　　　　　　　　　Website　　http://www.nakanishiya.co.jp/
　　　　　　　　　E-mail　　iihon-ippai@nakanishiya.co.jp
　　　　　　　　　郵便振替　01030-0-13128

装幀＝白沢　正／印刷・製本＝ファインワークス
Copyright ⓒ 2012 by C. Ichikawa
Printed in Japan.

◎本書のコピー，スキャン，デジタル化等の無断複製は著作権法上での例外を除き禁じられています。本書を代行業者等の第三者に依頼してスキャンやデジタル化することはたとえ個人や家庭内の利用であっても著作権法上認められておりません。

学校心理学入門シリーズ1
ブリーフ学校カウンセリング

市川　千秋 監修
宇田　光・櫻井禎子・有門秀記 編

子どもの持っている健康な部分，強さを重視し，問題解決に焦点を当てる新しい教育援助のあり方を平易に解説。

A5判 138頁 本体1800円＋税

学校心理学入門シリーズ2
授業改革の方法

市川千秋 監修
宇田　光・山口豊一・西口利文 編

少人数授業やバズ学習・協同学習，当日ブリーフレポート方式などさまざまな授業の方法を実践の成果に基づき解説する。教育現場の最前線から，新しい授業形態や心理教育的援助のあり方の提言。

A5判 168頁 本体2100円＋税

学校心理学入門シリーズ3
臨床生徒指導［理論編］

市川千秋 監修
宇田　光・八並光俊・西口利文 編

生徒に寄り添うカウンセリングと，指し示して生徒を導く生徒指導を，うまく取り入れれば学校は変わる！　チーム援助，SCによるコンサルテーションなど，その実践の基盤となる理論や具体的方策を解説。

A5判 146頁 本体2000円＋税

教育心理学

西口利文・高村和代 編著

教育の最前線である学校における教育活動にフォーカスしながら，教育心理学の基本から最新知見までを徹底網羅。授業の学びを深め，活かせる便利な予・復習課題付きの初学者必携テキスト！

B5判 204頁 本体2300円＋税

協同学習入門
基本の理解と51の工夫

杉江修治 著

協同の原理をしっかり踏まえた学級経営により，子どもの動きがみるみる変わる！形ばかりの「活発な授業」に陥らないために，本当の効果を生み出すための原理を丁寧に解説し，授業で工夫すべき51のポイントを具体的に紹介する。

A5判 164頁 本体1800円＋税

協同学習の技法
大学教育の手引き

E. F. Barkley, K. P. Cross, C. H. Major 著
安永　悟 監訳

一人ひとりが真剣に考え，対話し，活動する授業へ。なぜ仲間との学び合いが学習効果を高めるのか，実際にどのように行えばよいのか，その授業をどのように評価するのか，具体的に解説。小・中・高校の授業改善にも。

B5判 252頁 本体3500円＋税

実践・LTD話し合い学習法

安永　悟 著

理解を促す画期的学習法，LTD = Learning through discussion の全容。仲間との対話を通して学び合う効果的な学習法の理論と実践を具体的に解説。真の学びはいかにして生まれるのか。

A5変型判 160頁 本体1700円＋税

個に応じた学習集団の編成

J. Ireson & S. Hallam 著
杉江修治・石田裕久・関田一彦・安永　悟 訳

議論不十分なまま日本でも導入が進められている習熟度別指導。クラス編成の方法は生徒の発達に実際にはどのように影響するのか。質問・観察・テスト結果・教師と生徒のもつ感想などの多彩なデータを具体的に検証する。

A5判 256頁 本体2800円＋税

小中一貫（連携）教育の理論と方法
教育学と数学の観点から

西川信廣・牛瀧文宏 著

小中一貫（連携）教育は学力向上につながるか？小中9年間の教育課程の構造的理解を通してこそ，「わかる授業」は実現する。すでに始まっている各地の取り組み例と，算数科・数学を題材にした教科教育を具体的に紹介。

A5判 130頁 本体2200円＋税

習熟度別指導・小中一貫教育の理念と実践

西川信廣 著

様々な取組みが進みつつある習熟度別指導・小中一貫教育。現場の教師たちは何を目指しどんな実践を行っているのか。また現時点でのその評価とは。個に応じたきめ細かな指導を提供する先駆的な取組みの全容を解説する。

A5判 178頁 本体2000円＋税

学校における教育相談の定着をめざして

西山久子 著

効果的な教育相談体制を構築するために教育相談のシステムや支援領域を明確化し，充実させることは，生徒の学校適応，成長に欠かせない。忙しい学校現場で定着させるためにはどのような仕組みをつくればよいのか。学校での調査から提案。

A5判 192頁 本体5000円＋税

発達と臨床の心理学

渡辺弥生・榎本淳子 編

発達段階ごとに特徴的なケースをまず事例として配置し，自分ならどう対応するか考えさせ，発達的課題と臨床的かかわりをからめながら，心理的な問題を抱えている人たちを支援するために必要な知識を実践的に解説する。

A5判 194頁 本体2000円＋税